Veit Lindau

HUMAN SPIRIT

Das Licht in uns

Dies ist meine Liebeserklärung

an das Licht in dir.

Jeder Mensch ist einzigartig und wichtig.

Du hast Gaben und eine Stimme.

Du kannst sie erheben und so den Lauf der Dinge beeinflussen.

Bitte heb dich nicht auf für den besonderen Moment.

Bitte halte dich nicht zurück, aus Angst oder falscher Bescheidenheit.

Das größte Geschenk, das du mit uns allen teilen kannst,

bist du in deiner freiesten und kühnsten Version.

Inhalt

Einleitung 5

Stille Seele, wildes Herz 25

Wo bist du? 37

Du stirbst, fang an zu leben 49

In der Arena 63

Folge der Freude 77

Queen is rising 91

King is back 103

Ich finde in dir 117

Ubuntu 131

Human Spirit 143

Zeit, aufzuwachen 157

Seelengevögelt 171

Jetzt 185

Tanz 197

Wildes, wildes Leben 211

Danksagung 228

Anhang 230

Einleitung: *Human Spirit* in dir

Wir leben in außergewöhnlichen Zeiten. Das ist nicht nur mein Gefühl. Viele meiner Mitmenschen erleben diesen Moment der Geschichte der Menschheit aus verschiedenen Gründen als existenziell. Wir haben auf der einen Seite so viel erreicht, seien es wissenschaftlicher Fortschritt, Errungenschaften in Kultur oder Kunst oder die politische Entwicklung hin zur Demokratie. Immer weniger Menschen leben unterhalb der Armutsgrenze. Die Lebenserwartung steigt ständig an. Wir haben noch nie so viel gewusst. Wir haben noch nie so viel besessen. Und doch stehen wir vor gewaltigen Herausforderungen.

Wir sprechen mittlerweile von Stapelkrisen, weil es so viele sind, sie aufeinander aufbauen und sich gegenseitig verstärken. Viele Bereiche werden von exponentiellen Wachstumsdynamiken beherrscht; wir hetzen nur noch hinterher. Beispiele gefällig? Der Klimawandel. Die himmelschreiend unfaire Schere zwischen Arm und Reich. Über 50 große Kriege weltweit, einer davon direkt vor unserer Haustür. Autokratische und rechtsorientierte Kräfte auf dem Vormarsch. Marode Bildungs- und Gesundheitssysteme in vielen Ländern. Ich könnte ewig so fortfahren.

Ich verstehe es, und zugleich macht es schmerzhaft betroffen, dass immer mehr junge Menschen es als verantwortungslos empfinden, Kinder in diese Welt zu setzen. Mich stimmt es nachdenklich, dass wir in diesem Jahr mehrere verschiedene künstliche Intelligenzen von der Leine gelassen haben, von denen die Wissenschaft sagt, dass diese in kürzester Zeit mehrere Tausend Mal so intelligent sein werden wie wir. Ich frage mich manchmal, zu welchem Schluss diese Kinder unseres Erfindungsgeistes kommen werden, wenn sie beginnen, uns bewusst zu betrachten. Werden sie uns als einen tragikomischen Fehler der Evolution erkennen? Werden sie uns als den großen Störfaktor auf diesem Planeten be-

trachten? Oder als eine eigentlich liebenswerte und großzügige Spezies, die es nur noch nicht geschafft hat, aus der Kinderstube der Angst und Gier zu erwachen?

Vielleicht denkst du: »Wow, Veit, warte mal. Ich dachte, in diesem Buch geht es um das Licht in uns!?« Keine Sorge. Dies ist ein Buch der Hoffnung. Doch damit es nicht zu einem tröstenden Bilderbuch verkommt, möchte ich, dass wir verstehen, worauf es gerade ankommt. Nie zuvor stand so viel auf dem Spiel. Nie zuvor kam es auf jeden einzelnen Menschen so sehr an. Nie zuvor war die Frage so wichtig: Was macht unsere Menschlichkeit im Kern aus?

Dieses Buch ist mein stilles und leidenschaftliches Plädoyer an das Gute, Wahre und Schöne in dir. Das mag kitschig klingen. Doch glaub mir, ich bin kein naiver Idealist, der das Leben durch eine rosarote Brille betrachtet. Bereits in den einleitenden Zeilen dieses Buches wurde dies deutlich, denn vieles von dem, was ich heute in unserer Realität sehe, bricht mir das Herz und bereitet mir Sorgen. Doch ich verweigere mich Zynismus. Ich glaube, wir wissen viel zu wenig, um uns den Luxus von Pessimismus leisten zu können.

Ich glaube an Wunder. Nicht in einem esoterischen oder religiösen Sinne. Für mich ist ein Wunder vielmehr ein Ereignis, das ich bis eben noch nicht für möglich gehalten habe. Ich weiß, dass diese Welt voller Möglichkeiten ist, die wir nur noch nicht entdeckt haben. Was es braucht, um sie zu entdecken, sind Menschen, die sich gerade in der Krise auf ihr inneres Licht besinnen und es durch ihre Worte und Taten mit uns allen teilen. Bei all dem Scheiß, den wir Menschen derzeit noch anstellen, glaube ich an uns.

Ich habe das große Privileg, in meiner Arbeit vielen Frauen und Männern hoffnungsvoll ehrlich und direkt begegnen zu dürfen. Sie alle sind von ihrer Herkunft, ihren Ansichten und ihren Jobs grundverschieden. Sie alle bringen, genau wie du und ich, ein manchmal

langweiliges und oft auch nerviges Ego mit sich. Doch sie alle sind in ihrem Kern unschuldig, liebenswert und kreativ.

Meine Hoffnung für unsere Zukunft entspringt dem Licht, das ich in Tausenden Augenpaaren sehen durfte. Nenne es Seele, Herz oder Essenz. Egal welchen Namen du diesem Licht gibst, ich hoffe, du weißt und fühlst, was ich meine. Dieser einzigartige Funke des Lebens, diese komplexe Mischung aus verschiedenen Lebensfarben existiert in dir seit deiner Geburt. Dieses Licht in dir ist nicht ängstlich oder gierig. Es ist großzügig, neugierig, offen und voller Vertrauen. Es will nichts bekommen. Es will sich verschenken. Obwohl es dir manchmal vielleicht winzig klein erscheint, hat es die Macht, jede noch so finstere Dunkelheit zu erhellen.

Kleine Kinder haben einen selbstverständlichen Zugang zu diesem Licht. Das ist der Grund, weshalb wir gar nicht anders können, als sie versonnen zu betrachten. Ihr Strahlen erinnert uns an den inneren Ort, von dem auch wir kommen. Auch wir haben als Kinder nicht darüber nachgedacht, ob wir dieses Licht in uns tragen oder nicht. Wir waren dieses Licht. Dann begann unsere Reise durch das Leben. Und manche von uns verloren dabei den Kontakt zu ihrer inneren Quelle. Wir reagierten irritiert, weil wir das Licht, das wir fühlten, durch die Welt, in der wir groß wurden, nicht ausreichend gespiegelt bekamen. Wir wurden ausgelacht, ausgenutzt, enttäuscht und verletzt. Also schützten wir uns. Mit Masken und Macken. Es linderte den Schmerz, aber es ließ uns das Licht vergessen. Und ehe wir es uns versahen, reihten wir uns ein in das Meer der »vernünftigen« Erwachsenen, die »wissen«, dass das Leben kein Ponyhof ist und dass man sich eben mit dem zufriedengeben muss, was man kriegt.

Dieses Buch ist ein Weckruf für jenen Funken in dir. Du bist nicht hier, um zu überleben. Du bist hier, um zu erblühen. Du bist nicht hier, um etwas zu bekommen. Du bist hier, um dich zu verschenken. Dieses Buch richtet sich an die Träumer*innen, die Verrückten, die Liebenden. Ich nenne sie die Rebell*innen des Geistes. Es richtet sich an Menschen, die wissen, dass diese Zeit jetzt der Moment ist, auf den sie gewartet haben, um sich für das zu erheben, woran sie glauben. Ich schreibe dieses Buch für Menschen, die sich auf eine gesunde Weise wichtig nehmen und deshalb bereit sind, sich mit ihrer Sehnsucht und Vision verletzbar mitten in die Arena zu stellen, ihr Spiel zu spielen und in dieser nackten Sichtbarkeit ihre Weggefährt*innen zu finden.

Nenne mich ruhig einen Narren. Doch ich glaube von ganzem Herzen an eine tiefere Ordnung und Richtung des Lebens. Ich glaube, dass es sich bei dieser gewaltigen Krise, in der wir uns alle gerade individuell und kollektiv befinden, tatsächlich um die Geburtswehen dieses Lichts in uns handelt. Ich nenne dieses Licht *Human Spirit*.

Ich sehe es in den Augen von Menschen leuchten, die über etwas sprechen, was sie wirklich beseelt. Wenn wir unsere Bestimmung finden und leben, strahlen wir von innen, sodass die anderen gar nicht anders können, als uns fasziniert zu betrachten. Ich sehe das Licht in den Augen der Liebenden. Es zeigt sich, wenn wir mitfühlen und einander helfen. Wenn wir unsere Ängste überwinden und aus unserer Komfortzone in die Sichtbarkeit treten. Wir spüren seine Ausdehnung in uns, wenn wir lachen oder meditieren. Wir finden es selbst in den chaotischsten und dreckigsten Ecken unserer Welt wieder, sobald wir unsere Vorurteile entspannen und staunen wie ein Kind.

Human Spirit ist für mich ein Synonym für das wahre Potenzial unserer Spezies. Ich glaube daran, dass wir zu weitaus mehr fähig sind, als wir uns bisher demonstriert haben. Wir haben uns selbst und unsere Spezies noch nicht in unserer wahren inneren Tiefe, Schönheit und Größe erkannt. Wir alle sind – ob wir wollen oder nicht – eng miteinander verbunden. Wir erschaffen einander.

10

Hast du schon einmal vom Pygmalion-Effekt gehört? Er beschreibt ein mächtiges psychosoziales Phänomen, das durch eindrucksvolle Experimente immer wieder bestätigt wurde: Unsere Einschätzung von den Möglichkeiten unseres Gegenübers wirkt sich nachweisbar auf seine Leistungen aus. Wenn wir hauptsächlich das Schlechte, Schwache, Fehlerhafte in unserem Gegenüber sehen, hemmen wir sein Potenzial und die Wahrscheinlichkeit steigt, dass sich der oder die andere negativ entwickelt. Glauben wir hingegen an unser Gegenüber, konzentrieren wir uns auf das Gute in ihm, werden wir ein Wunder erleben. Unser ermutigender Blick wird zum Wind unter seinen Flügeln. Dieser Mensch wird das Unmögliche möglich machen. Wir haben auch noch nicht verstanden, dass wir alle von wesentlicher Bedeutung für die Gegenwart und die Zukunft der Menschheit sind. Wir leben nicht *in* einer Geschichte. Wir schreiben Geschichte. Welches Kapitel fügst du dem Mythos unserer Spezies hinzu?

Wie wir uns gegenseitig betrachten, hat einen massiven Einfluss auf uns. Wir können uns in den Schubladen unserer Vorurteile gefangen halten und so immer wieder dieselben alten Geschichten wiederholen. Oder wir befreien uns gegenseitig, indem wir aneinander glauben.

Das Ringen zwischen Kleinlichkeit und Großartigkeit, zwischen Angst und Liebe findet in jedem von uns statt. Es liegt ein tragisches Missverständnis vor, wenn wir uns die Rettung von einem Erlöser, einer Regierung oder den Reichen dieser Welt erhoffen. Wir, du und ich, sind das evolutionäre Labor, in dem die Lösung geboren und gelebt werden kann. Was, wenn das, was wir »die Welt« nennen, eine maßgeschneiderte Lernumgebung für uns alle ist? Jeder einzelne Tag fragt dich: »Wer bist du und wofür steht dein Leben?« Jede Person, die uns begegnet, fragt sich unbewusst: »Was kann ich von dir über Menschen und ihr Potenzial lernen?« Es sind Zeiten wie diese, in denen wir viele kleine und große Leuchttürme brauchen.

Dir dürfte mittlerweile schwanen, dass du kein normales Sach- oder Ratgeberbuch in den Händen hältst. Dieses Buch ist aus dem Musikalbum heraus entstanden. Es liegt eine Magie in Musik. Sie passiert unsere Großhirnrinde und geht direkt ins limbische System. Es gibt diese Augenblicke im Leben, da hilft uns Vernunft allein nicht weiter. Da müssen wir singen und tanzen, um uns an das Nichterklärbare zu erinnern. *Human Spirit* ist meine Liebeserklärung an das Licht in dir. Möge dieses Buch dich darin bestärken, dir selbst zu vertrauen und deinem einzigartigen Pfad durch dieses Universum treu zu sein. Hier kommt ein wundervolles Paradox: Du kannst nicht die ganze Welt retten. Doch die Welt ist gerettet, wenn du dich für dein Licht entscheidest.

Es lebe *Human Spirit*.

Die Entstehungsgeschichte von *Human Spirit*

Das Wort *Human Spirit* steht für mich für die einzigartigen Seelenfarben und Gaben, die jeder Mensch mit auf die Erde bringt. Schreiben ist seit meiner Kindheit eine meiner stärksten Passionen. Mittlerweile habe ich dreißig Bücher herausgebracht, die meisten gehören ins Ratgebergenre. Dieses einunddreißigste Buch fällt aus mehreren Gründen aus der Reihe. Es ist ein multimediales Crossover-Projekt, eine Kombination aus Musik, Text, Meditation, Fotografie und Seminar. Viele Menschen haben dazu beigetragen.

Die Entstehungsgeschichte ist für mich ein eindrückliches Beispiel für eine der Grundaussagen des Buches: *Wir erschaffen einander.* Es würde nicht existieren, wenn der in meinen Augen begnadete Komponist und Musikproduzent Fabian Schulz nicht so hartnäckig gewesen wäre. Vor etwa zwei Jahren bekam ich zum ersten Mal eine E-Mail von ihm. Er hatte ein Interview mit mir gesehen, in dem ich gefragt wurde, welcher große Wunsch noch auf meiner Bucketlist steht. Ich antwortete damals spontan: »Ich würde gern die Quintessenz meiner Bücher als Songs herausbringen.« Tja, so ist das mit dem Wünschen. Das Universum hört immer zu.

Ich muss gestehen, ich war skeptisch, als Fabian mich kontaktierte. Wir haben ein großes Netzwerk, und ich bekomme jede Woche schillernde Ideen zugesendet. In neunzehn von zwanzig Fällen ist es nur heiße Luft. Deshalb versuchte ich zunächst, Fabian abzuwimmeln: »Ich habe keine Zeit. Außerdem kann ich nicht singen.«

Fabian blieb dran. Über ein Jahr lang. Irgendwann dachte ich: »Okay, dann teste ich mal, was du draufhast.« Ich sandte ihm eine Idee, mit der Bitte, sie zu vertonen. Am nächsten Tag war das Lied da! Ich war beeindruckt. Dann ging alles schnell. Zwei Wochen später stand ich das erste Mal im Studio. Damals entstand der Song *Zeit, aufzuwachen*. Für mich war dieser Ausflug in die Musik kein Business, sondern ein persönliches, kreatives Experiment. Dennoch wollten wir dem Projekt Sinn verleihen und nutzten den Song für eine Spendenaktion. Wir nahmen damals innerhalb von drei Monaten 60 000 Euro Spenden für die Seenotrettung für flüchtende Menschen im Mittelmeer (Mission Lifeline) ein und finanzierten eines der Rettungsschiffe für fast ein Jahr.

Jetzt war ich Feuer und Flamme. Wenn Freude, Flow und Sinn zusammenkommen, kann ich nicht widerstehen. Ich durfte ein völlig neues Medium entdecken. Neugier, Spiel, Wachstum, Sinn, Humor, Demut, Freundschaft, Poesie. Es kamen so viele motivierende Faktoren zusammen. Das Projekt gewann noch einmal an Fahrt, als meine liebste Frau Andrea und unser Freund Manuel Bergt beschlossen, sich mit einzubringen. Anstatt uns am Wochenende auszuruhen, verbrachten wir die Zeit nun im Studio und erholten uns aktiv beim Erschaffen des Albums *Human Spirit*.

Ich glaube, dass es im Leben in letzter Konsequenz nicht um das Erreichen unserer Ziele geht, sondern darum, was wir auf dem Weg dahin über uns selbst erkennen werden. Ich habe während der Geburt dieses Albums geschwitzt, gelernt, gelacht, Grenzen verschoben, verkrampft und wieder losgelassen. Die Zeit war für uns alle so erfüllend. Wir wussten, selbst wenn dieses Album nie herauskommen würde, war es das Abenteuer wert. Doch nun ist es wundersamerweise da und sucht seinen Weg in die Welt.

Ich teile diese Entstehungsgeschichte mit dir, weil ich dich ermutigen möchte, an deine Träume zu glauben und – egal wie alt du bist – immer wieder neue Dinge auszuprobieren. Wer weiß, welche wunderschönen und vielleicht auch manchmal verrückten Kreativ-Babys noch darauf warten, von dir in die Welt hineingeboren zu werden!

Human Spirit ist die musikalisch-meditative Essenz meiner Arbeit, doch vor allem ist es eine poetische Reflexion existenzieller Fragen und Herausforderungen, die uns alle auf unserer Held*innenreise erwarten. Ich wünsche dir ein offenes Herz, während du den Liedern lauschst oder dich von den Texten und Bildern berühren lässt. Mit den Fragen und Impulsen lade ich dich ein, die Songs konkret auf dein Leben zu beziehen. Mögen die einzelnen Stationen dieser Reise deinen *Human Spirit* zum Klingen bringen.

UMAN SPIRIT

Das Licht in uns

Veit Lindau

Die Songs zu den Kapiteln

Ich bin ein großer Fan von psychoaktiven Projekten, die uns nicht nur unterhalten, sondern unter die Haut gehen und Veränderungen in uns anregen. Das Buch wirkt auch ohne die Musik. Doch ich hoffe natürlich, dass du Gefallen an den Songs findest, die essenzielle Stationen unserer Held*innenreise durch das Leben verkörpern. In diesem Buch findest du die Liedtexte zum Mitsingen, vertiefende Gedanken, Bilder zum Genießen, Fragen, die dich hoffentlich zum Innehalten und Nachdenken anregen, und für jedes Lied ein Experiment zur Selbsterfahrung.

Wir alle sind verschieden, deshalb ermutige ich dich, deiner Intuition zu folgen, wenn es darum geht, wie du die Inhalte auf dich wirken lässt. Vielleicht hörst du erst einmal das gesamte Album oder du lauschst immer einem Lied und liest dazu das jeweilige Kapitel.

Wo und wie kannst du die Songs hören?

1. Du kannst das Album auf allen großen Streamingportalen hören, etwa auf Spotify.

2. Wenn du das Projekt deutlich unterstützen möchtest, freuen wir uns sehr, wenn du dir die Songs als Download oder CD kaufst.

Du findest CD, Download und coole Kleidung unter dem QR-Code oder unter folgendem Link: go.homodea.com/human-spirit

Der gute Zweck dieses Buches

Mit dem Kauf dieses Buches leistest du einen konkreten Beitrag für die ichliebedich-Stiftung. Dafür danken wir dir sehr. Andrea und ich haben die ichliebedich-Stiftung als Fördereinrichtung ins Leben gerufen, um weltweit integrale Projekte der Potenzialentfaltung und der Kultur des Mitgefühls zu fördern – besonders für Kinder und Jugendliche. Wir haben uns daher bewusst dazu entschieden, das *Human Spirit*-Projekt gemeinnützig umzusetzen. Ich bin nun vierundfünfzig Jahre auf diesem Planeten unterwegs und fühle mich in vielerlei Hinsicht beschenkt: Ich wurde in einer friedlichen und reichen Region der Welt geboren und hatte dadurch die Chance, der zu werden, der ich bin. Ich habe eine freie und umfangreiche Bildung genossen. Meine Eltern, Lehrer*innen, Freund*innen, meine Liebste und meine Tochter haben mich stets in allem unterstützt, was ich angepackt habe. Meine Arbeit erfüllt mich zutiefst. Auch dieses Projekt habe ich als eine große Gnade empfunden. Deshalb möchte ich gern etwas zurückgeben. Ich bin dankbar, dass viele der an diesem Unterfangen beteiligten Künstler*innen das Anliegen unterstützen, indem sie unkompliziert und zu extrem fairen Konditionen mitgewirkt haben.

Unsere herzliche Bitte an dich

Wir haben sehr viel Liebe und auch Geld in das Album investiert. Wie du sicher weißt, ist es heutzutage kaum möglich, mit dem Veröffentlichen der Songs auf Streamingportalen wie Spotify die Kosten zu decken, geschweige denn Gewinn zu machen. Um dir transparent eine Größenordnung zu geben: Die gesamte Produktion allein vom Album hat mehr als 60 000 Euro gekostet. Wenn ein Song zum Beispiel auf Apple Music gehört wird, bekommt der Künstler etwa 0,008 Cent. Wenn du das Buch und die Musik magst und für wertvoll erachtest, bitten wir dich, das Projekt zu unterstützen und uns so zu helfen, in die Gewinnzone zu kommen. Du kannst Folgendes tun:

- Höre die Songs rauf und runter und empfiehl sie weiter.

- Empfiehl oder verschenke das Buch weiter.

- Erwirb das Album als Download oder CD und kauf dir ein »Human Spirit«-T-Shirt oder einen Hoodie über: go.homodea.com/human-spirit

- Spende direkt etwas an die ichliebedich-Stiftung. Alle Informationen zu den Zielen der Stiftung und Spendenmöglichkeiten findest du im Anhang.

Ich danke dir schon jetzt für jede Form der Unterstützung. Die Gewinne aus diesem Projekt gehen vollständig in die ichliebedich-Stiftung und werden von hier für die Förderung von Kinder- und Jugendprojekten eingesetzt.

Der Umgang mit unseren Kindern ist der bedrohlichste Schwachpunkt unserer Gesellschaft. Wir werden niemals in der Lage sein, die zukünftigen Probleme der Menschheit zu lösen, wenn wir das Potenzial der gegenwärtig auf der Erde ankommenden Generationen nicht wesentlich achtsamer und weiser hüten und fördern.

Mögen dich die Songs in deiner Seele berühren und so auch wieder den Freigeist deiner Kindheit in dir wecken. Ich wünsche dir eine zauberhafte Begegnung mit dir selbst.

Und nun lade ich dich ein, dich zu entspannen

und dich durch die Worte und Bilder

in den Kosmos deiner Seele führen zu lassen.

Stille Seele, wildes Herz

Zwei Seelen wohnen, ach! in meiner Brust,

die eine will sich von der andern trennen:

Die eine hält, in derber Liebeslust,

sich an die Welt mit klammernden Organen;

die andre hebt gewaltsam sich vom Dust

zu den Gefilden hoher Ahnen.

Johann Wolfgang von Goethe,

Faust – Der Tragödie erster Teil, Vers 1112 ff.

Wildes Herz will alles haben,

alles sein und ausprobieren,

wild sein, frei sein, frech sein,

ungehobelte Manieren.

Stille Seele weiß schon alles,

hat schon alles längst erlebt,

und in der Unendlichkeit

weiß sie, dass sie nie vergeht.

Wildes Herz ist manchmal gierig,

es kann selten widerstehen,

schlägt wie wild um sich,

ist so gerne unbequem.

Stille Seele atmet tief,

atmet ein und wieder aus,

und sie holt das wilde Herz

endlich nach Haus.

Home, home,

get your wild heart back home.

Come, come,

let your quiet soul home.

Wildes Herz kann manchmal brechen

oder selber auch verletzen,

und keines Menschen Macht

kann sich ihm lange widersetzen.

Stille Seele strahlt am hellsten,

schlägt das Herz im ruhigen Takt.

Sie will Frieden, will verbinden,

was sich sonst bekämpfen mag.

Wildes Herz liebt stille Seele,

stille Seele wildes Herz,

ich feiere sie beim Tanzen,

denn sie tanzen nie verkehrt.

Wir tragen beide immer in uns,

und ich schenke ihnen Applaus.

Ich hol die stille Seele

und das wilde Herz nach Haus.

Home, home,

get your wild heart back home.

Come, come,

let your quiet soul home.

Betrachtung

Sicher hast du es bereits bemerkt. *Du* bist ein lebendiges Paradox. Du bist vernünftig und emotional. Großzügig und manchmal kleinherzig. Smart und dumm. Ego und Seele. Während du als konkrete Person auf der Bühne des Lebens liebst und leidest, fällst und wieder aufstehst, älter und hoffentlich auch weiser wirst, schaut ein anderer Part in dir dem Treiben einfach nur still zu. Diese Instanz in dir hat keinen Namen. Sie ist nie gealtert und wurde nie verletzt. Sie wurde nie geboren und kann deshalb auch nicht sterben. Ich nenne diese zwei Kräfte dein wildes Herz und deine stille Seele.

Eine wunderbare Beschreibung dieser Dichotomie schenkt uns Hermann Hesse in seinem Buch *Narziß und Goldmund*. Während Narziß die Wahrheit in der Askese und Stille des Klosters sucht, stürzt sich sein Freund Goldmund in die Welt mit all ihren Freuden und Fallen. Wenn du dieses Buch gelesen hast, hast du sicher auch gespürt, wie etwas in dir mit beiden Lebenswegen in Resonanz geht. Solange unser Verstand nur im dualen Modus operiert, glaubt er, sich zwischen zwei Optionen entscheiden zu müssen. Wenn es dir jedoch gelingt, das duale Denken zu entspannen, lüftet sich der Schleier und du erkennst die Logik im Paradox. Du bist nicht entweder das eine oder das andere. Du bist beides. Du bist Ego und Seele. Bewegung und Stille. Form und Formlosigkeit. Die Existenz will nicht, dass du dich entscheidest, sondern sie lädt dich ein, beides in einem Tanz zu vereinen. Habe den Mut, kein Entweder-oder zu akzeptieren, wenn es um die großen Fragen, um die wesentlichen Wünsche geht. Wenn dein begrenzter Verstand versucht, dir eine Entscheidung zwischen Welt und Stille, Idealismus und Erfolg, Wildheit und Vernunft aufzuzwingen, widerstehe der Versuchung. Flüstere dir selbst zu: »Stopp! Ich bin größer. Ich bin beides. Ich bejahe beides. Ich werde einen Weg finden, beides zu leben und zu vereinen. Denn ich bin ein lebendiges Paradox!«

Fragen für dich

Wonach sehnt sich dein Herz? Was ist seine bisher unerfüllte Sehnsucht?

Stell dir vor, du würdest dieser Sehnsucht nachgehen. Welche inneren Bilder und Gefühle tauchen auf? Wovor hättest du Angst? Worauf würdest du dich freuen?

Hast du genug Stille in deinem Leben? Was löst der Gedanke an Stille in dir aus?

In welchem Bereich deines Lebens hast du bis jetzt ein schmerzhaftes Entweder-oder akzeptiert, sodass du das Gefühl hattest, auf etwas Wichtiges verzichten zu müssen – egal wie du dich entscheidest?

Was macht es mit dir, wenn du dir vorstellst, dass es für dich einen Weg gibt, beides miteinander zu vereinen? Was bewirkt die Vorstellung in dir, dass du diesen Weg finden wirst, wenn du beide Bedürfnisse bejahst?

Wenn der Tänzer eins wird mit dem Tanz,

die Weinende mit den Tränen, der Liebende mit dem Geliebten,

wenn der Tuende mit dem Werk verschmilzt,

die Schauspielerin mit der Bühne und dem Publikum,

dann offenbart sich, was uns die Weisen seit Tausenden Jahren zuflüstern:

Die Leere ist nicht leer. Sie ist pure, potente, in sich ruhende Fülle.

Der Lärm der Welt ist nicht laut. Er wird, wenn du mit all deinen Sinnen lauschst,

geschluckt von der allgegenwärtigen Stille, die die Welt gebiert.

Es gibt einen unbetretenen Pfad in diesem Universum, den nur du gehen kannst.

Um ihn zu finden, musst du deinem wilden Herzen folgen. Deine stille Seele schaut

diesem Abenteuer ruhig zu, denn sie weiß, egal was dir auf diesem Weg alles gesche-

hen wird, du bist bereits angekommen.

Fühle das drängende Herz und ruhe in der stillen Seele. Und du bist frei.

Experiment: Lass dein Herz und deine Seele zu dir sprechen

Berühren dich die beiden Pole? Ergeben sie für dich Sinn? Wie wäre es, wenn du einmal von dem Punkt kommst, dass beides wertvolle Stimmen deines inneren Wesens sind und sie deutlich zu dir sprechen können, wenn du es ihnen gestattest? Beide Perspektiven sind wichtig. Hier ein Vorschlag, wie du von ihnen lernen kannst: Lege ein Blatt Papier und einen Stift bereit und schreibe einen Dialog zwischen deinem wilden Herzen und deiner stillen Seele. Nimm dir dafür mindestens 30 Minuten Zeit, in denen du nicht gestört wirst (Handy aus!). Vielleicht hörst du zur Einstimmung noch einmal den Song *Stille Seele, wildes Herz*, zündest eine Kerze an und legst dir zum Schreiben eine dich berührende, meditative Musik auf. Stelle zwei Stühle einander gegenüber an einen Tisch. Der eine repräsentiert dein drängendes Herz, der andere deine zeitlose, stille Seele.

Ich empfehle dir, mit deinem Herzen zu beginnen. Setz dich auf seinen Stuhl, schließe die Augen und lege deine Hände in Höhe deines Herzens in die Mitte deiner Brust. Atme in diese Stelle hinein und stell dir vor, du wirst eins mit der Kraft deines Herzens. Dein Herz ist nicht rational. Es will fühlen, erleben, lieben. Bitte dein Herz, durch dich zu sprechen oder zu schreiben. Unzensiert. Wonach sehnt es sich? Was macht es traurig? Was will es noch unbedingt erleben?

Wenn du das Gefühl hast, dein Herz hat alles ausgepackt, danke ihm. Setze dich nun auf den anderen Stuhl. Schließe wieder die Augen und konzentriere dich auf den obersten Punkt am Scheitel deines Kopfes. Stell dir vor, wie die uralte Weisheit deiner stillen Seele, die schon Hunderte Male gelebt hat, als weißes Licht von oben in dich einströmt und nun durch dich spricht oder schreibt. Lass dich von der Klarheit und unterschiedlichen Weisheit beider Pole überraschen.

Wo bist du?

Ich ging in die Wälder, denn ich wollte wohlüberlegt leben; intensiv leben wollte

ich. Das Mark des Lebens in mich aufsaugen, um alles auszurotten, was nicht Leben

war. Damit ich nicht in der Todesstunde inne würde, daß ich gar nicht gelebt hatte.

Henry David Thoreau

Ich laufe durch die Straßen deiner Stadt,

ich streife durch deine Träume,

auf der Suche nach dir.

Ich beobachte dich durch die Augen
deiner Mitmenschen.

In jedem Buch, das du liest,
hinterlasse ich dir verborgene Zeichen
meiner Sehnsucht.

Die Schneeflocken im Winter, zart
schmelzend auf deinen Wimpern –

einer meiner Versuche, dich wach
zu küssen.

Mit dem ersten warmen Frühlingswind
streiche ich sanft über deine Haut,

und mit jedem deiner Atemzüge
liebkose ich dich von innen.

In jeder Sekunde deines Seins stehe ich
rufend, drängend, bebend vor dem Haus
deiner Seele.

Ich klopfe auf tausend verschiedene
Weisen an deine Tür,

laut, wie der Schrei eines wütenden
Kindes,

und still, wie die Ewigkeit des Alls.

Wild und fordernd zerre ich an dir,

um dich im nächsten Augenblick
behutsam zu umarmen.

Ich habe keine Wahl,

ich werde nichts unversucht lassen,
bis du mir öffnest,

weit und bedingungslos.

Bis du mir alles schenkst,

was du hast und was du bist.

Wo bist du? Ich brauche dich.
Dein Leben ...

Ich sehne mich nach dir, mein Leben!

Jetzt lass ich dich rein.

Ich höre deinen Ruf, und ich gebe
mich hin.

Ich liebe dich so sehr und hab doch
Angst vor deinem Kuss.

Ich bin so müde vom Kämpfen und
traurig vom Warten.

Jetzt bin ich bereit!

Ich lege mich auf deinen Altar und
schenke dir mein bebendes Herz.

Komm, nimm mich,

nimm mich ganz, nicht erst am Ende,
mittendrin.

Nicht irgendwo, sondern hier.

Dieses Mal finden wir uns.

Ich bleibe stehen, öffne meine Arme
und drehe mich um.

Nimm mich, führe mich.

Dafür lass ich alles los.

Ich lass mein kleines Ich in deinen
Armen sterben.

Ich mach mich leer, um von dir gefüllt
zu werden.

Ich lache, ich weine, ich tanze mit dir,
bis ich ganz still werde

und meine leuchtenden Augen
verkünden, dass ich geöffnet wurde,

geöffnet wurde.

Ich liebe dich, mein Leben.

Betrachtung

Kannst du dich daran erinnern, wie es war, wenn du als Kind an einem Wintermorgen noch ganz verschlafen aus dem Fenster geschaut und den ersten Schnee erblickt hast? Oder weißt du noch, wie dein Herz bei deinem ersten echten Kuss gebebt hat? Wie es zerrissen wurde bei der ersten Trauer über den Verlust eines geliebten Wesens? In solch ekstatischen oder auch schmerzhaften Augenblicken gab es keinen Abstand zwischen dir und deinem Leben. Du warst eins mit ihm. Ohne Konzepte. Nichts zurückhaltend. Voll präsent.

Aus meiner Arbeit als Coach weiß ich, dass viele Menschen die Frage beschäftigt: »Wie kann ich die Angst vor dem Tod meistern?« Wir fürchten uns nicht vor dem Ende. Wir haben Angst davor, unerfüllt zu sein. Wir fürchten nicht das finale Sterben, sondern das peinvolle Realisieren, dass unser geistiger Tod vielleicht schon viel eher eingesetzt hat. Nämlich in dem Augenblick, als wir unbewusst beschlossen, unser Herz nie wieder voll für die Liebe zu öffnen. Als wir Regen nicht mehr als die perfekte Kulisse zum Tanzen, sondern nur noch als ein nerviges Wetterphänomen betrachteten. Als der geliebte Mensch für uns so selbstverständlich wurde, dass wir nicht mehr über ihn staunten. Als wir die Träume unserer Kindheit für Sicherheit und Geld verrieten.

Ich glaube, die einzige Möglichkeit, unsere Angst vor dem Tod aufzulösen, ist, das Meer der erfüllten, wahrhaft gelebten Momente immer größer und tiefer werden zu lassen. Weißt du, was für mich Gnade ist? Dass das Leben nie aufgehört hat, nach uns zu rufen. Es ist so verdammt hartnäckig. Es kitzelt uns mit Sonnenstrahlen. Es sehnt sich still nach uns in unseren Depressionen. Es verzaubert uns durch das unschuldige Staunen von Kinderaugen oder sendet uns ein Lied mit der Frage: »Wo bist du?«

Fragen für dich

Wann hast du dein Gesicht das letzte Mal dem Regen entgegengereckt?

Wann hast du das letzte Mal etwas zum ersten Mal getan?

Welchen Menschen nimmst du viel zu selbstverständlich?

Wenn du das Leben in Person treffen würdest, was würdest du es unbedingt fragen?

Wenn du heute sterben würdest, was würdest du am allermeisten bereuen?

Was ist deine Lieblingsspeise, und wann hast du sie das letzte Mal genossen?

Wir sehnen uns nach Urvertrauen. Doch wie können wir es finden? Nur wenn wir riskieren, wenn wir uns für das Unbekannte öffnen, wenn wir unsere Schutzpanzer ablegen und uns mit allem, was wir sind, diesem Moment, jetzt gerade, hingeben.

Wir sehnen uns nach Erfüllung. Doch wie können wir sie finden? Nur wenn wir unser Wollen entspannen und uns hingeben. Nicht an einen besonderen Moment, sondern an das, was ist.

Hingabe ist nicht dasselbe wie Aufgeben. Hingabe bedeutet, dich bewusst und freiwillig, mit all deinen Sinnen für diesen Moment, jetzt, zu öffnen. Werde eins mit allem, was du siehst, hörst, schmeckst und fühlst. Vergiss das Gestern. Vergiss das Morgen. Komm hierher und biete dich dem Leben dar. Flüstere, singe, schreie: »Bitte nimm mich! Nimm mich ganz!« Biete dich dar wie ein Geliebter, eine Geliebte. Und dann gestatte dem Leben, dich von außen zu berühren und von innen zu füllen. Jetzt.

Experiment: Öffne dich deinem Leben

Ich weiß nicht, welche Beziehung du zum Gebet hast. Für mich ist es kein primär religiöses Ritual. Ein Gebet basiert auf der Grundannahme, dass es etwas wesentlich Größeres als mich gibt. Für die einen ist dies Gott, für die anderen die Liebe oder das Universum. Auch wenn wir uns in unserer hoch individualisierten Gesellschaft oft allein fühlen, wir sind es nie. Wir sind immer eingebunden in das Gewebe des Lebens. Es wirkt von innen und außen auf uns ein. Was uns vom Leben trennt, sind unsere Gedanken der Vorsicht und Berechnung. Anstatt uns dem Leben hinzugeben, wollen wir es benutzen. Doch was uns wirklich erfüllt, sind die Momente der Hingabe, in denen wir uns verschenken. An den Augenblick. An unsere Mitmenschen. An die Natur. Wie wäre es, wenn du dich in einer Art von Gebet dem Leben als Geschenk anbietest? Bitte es, zu kommen, dich zu öffnen, zu führen und voll anzunehmen.

Hier zwei Vorschläge, wie du das tun kannst: Die sanftere Variante wäre, einen Liebesbrief an das Leben zu schreiben. Stell dir vor, es ist deine Geliebte oder dein Geliebter und du willst dich ihr/ihm endlich voll hingeben. Was würdest du ihr/ihm schreiben?

Die etwas verrücktere Variante: Sorge dafür, dass du ungestört bist, und stell dich nackt vor einen Spiegel. Nimm dir Zeit, noch einmal laut anzuerkennen, wo und wie du dich bis jetzt zurückgehalten hast. Wann und wie du das Leben verpasst hast. Dann bemale dich mit Körpermalfarben und biete dich laut dem Leben als Geschenk an. Bitte darum, voll geöffnet und genommen zu werden. Sei darauf vorbereitet, dass das Leben antworten wird. Nicht so, wie du es dir wünschst, sondern so, wie du es brauchst.

Du stirbst, fang an zu leben

Jeder hat Angst vor dem Tod, und zwar aus dem einfachen Grund, dass wir das Leben noch nicht gekostet haben. Ein Mensch, der weiß, was das Leben ist, hat keine Angst vor dem Tod, er heißt den Tod willkommen. Wenn der Tod nahekommt, begrüßt er ihn, er umarmt ihn, er empfängt den Tod als einen Gast. Für den Menschen, der nicht erfahren hat, was das Leben ist, ist der Tod ein Feind, und für den Menschen, der weiß, was das Leben ist, ist der Tod der Höhepunkt des Lebens.

Osho, »Walking in Zen, Sitting in Zen«, Talk #12

Mach dich bereit, fang an zu spüren,

zu atmen und zu berühren,

zu lachen und zu staunen,

übers Leben und all seine Launen.

Fang an zu lieben, lass es fließen,

lerne den Moment genießen.

Schau hin, bei allem, was entsteht:

Es ist ein Wunder, dass das geht.

Hast du dich je gefragt,

was der Sinn ist?

Was in deinem Leben

noch drin ist?

Warum du da bist,

wofür du stehst,

wohin du willst,

wohin du gehst?

Fang an. Das ist dein Lauf!

Fall hin und steh wieder auf.

Endlich, endlich fängst du dann

vorm Sterben mit dem Leben an.

Tu meurs, commence enfin à vivre.

Du stirbst, fang an zu leben.

Commence enfin à vivre.

Du hast viel zu versäumen,
nichts zu verschwenden,

gerade deswegen:
Commence enfin et rêve.

Du stirbst, fang an zu träumen.

Commence enfin et rêve.

Es gibt nichts zu verschwenden
und so viel zu versäumen.

Am Tag, in der Nacht,

bist du da, bist du wach?!

Hör auf zu pennen,

Zeit zu erkennen:

Leben macht blaue Flecken

beim Versuch, es zu checken.

Du stirbst, weißt nur nicht, wann.

Gut, dass niemand es wissen kann.

Es gibt viel zu versäumen,

nichts zu verschwenden,

gerade deswegen: Fang an zu leben.

Tu meurs, commence enfin à vivre.

Du stirbst, fang an zu leben.

Commence enfin à vivre.

Du hast viel zu versäumen,
nichts zu verschwenden,

gerade deswegen:
Commence enfin et rêve.

Du stirbst, fang an zu träumen.

Commence enfin et rêve.

Nichts zu verschwenden,
viel zu versäumen.

Mach dich bereit, fang an zu spüren,

zu atmen und zu berühren.

Endlich, endlich fängst du dann

vorm Sterben mit dem Leben an.

Tu meurs, commence enfin à vivre.

Du stirbst, fang an zu leben.

Commence enfin à vivre.

Commence enfin et rêve.

Du stirbst, fang an zu träumen.

Commence enfin et rêve.

Fang an zu leben.

Commence à vivre.

Betrachtung

Stell dir vor, du wachst eines Morgens in einem riesigen Labyrinth auf. Du kannst dich nicht mehr daran erinnern, wer du bist und woher du kommst. Du kennst die Spielregeln nicht. Alle um dich herum sind so beschäftigt. Wie emsige Ameisen ackern sie von früh bis spät und versuchen redlich, so viel Befriedigung wie möglich aus dem Spiel zu ziehen. Alle machen es. Also machst du mit. Bis zur Erschöpfung. Bis dir irgendwann auffällt: »Moment mal. Wir nehmen alle mit vollem Einsatz an einem Spiel teil, dessen Regeln wir gar nicht kennen. Macht es nicht erst einmal Sinn, die essenziellen Fragen zu klären: Wer bin ich? Wofür lebe ich? Was ist der Tod?«

Es spricht nicht für die Bewusstseinsreife unserer Zivilisation, dass wir uns in Konsumrausch und Krieg verlieren, anstatt uns den wirklich spannenden Themen zu stellen. Ich behaupte nicht, das Mysterium des Todes gelöst zu haben, doch eines kann ich ganz sicher sagen: Menschen, die sich ihrer Sterblichkeit stellen, leben lebendiger, ehrlicher, intensiver. Es ist eine der wenigen sicheren Spielregeln im Labyrinth des Lebens: Wir alle werden in unserer aktuellen Form sterben, und niemand von uns weiß, wann. Sich dieser schonungslosen Tatsache zu stellen – nicht nur einmal, immer wieder –, erfordert Mut. Doch der Lohn ist es wert. Ein Mensch, der sich der Endlichkeit seines Lebens bewusst ist, hört auf zu warten und zu hoffen. Er vergeudet seine kostbare Zeit nicht mit faulen Kompromissen. Er bringt seine ganze Präsenz in das Spiel ein und gibt *jetzt* alles.

Zwei der häufigsten Fragen, die ich von meinen Klient*innen gestellt bekomme, lauten: »Woher nehme ich die Kraft, meine Ängste zu überwinden und mich voll für meine Träume einzusetzen?« und »Woher weiß ich, was für mich gut und bedeutsam ist?«. Meine Antwort ist auf beide Fragen dieselbe: »Wach auf! Mach dir klar, dass du stirbst. Carpe diem!«

Fragen für dich

Was für eine Beziehung hast du zum Tod?

Was würdest du sofort ändern, wenn du wüsstest, du hast nur noch ein Jahr zu leben?

Wenn heute der letzte Tag deines Lebens wäre, wem hast du nicht oft genug gesagt und gezeigt, dass du ihn oder sie liebst?

Wenn du irgendwann einmal stirbst, was möchtest du bis dahin unbedingt gefunden haben?

Wo in deinem Leben wartest du? Worauf?

Angesichts des Todes wissen wir plötzlich ganz genau, worum es wirklich geht.

Die Wahrheit ist: Du weißt es immer. Du weißt in jedem Augenblick, was wirklich wesentlich ist. Du weißt, was du tun musst, um in Frieden sterben zu können.

Du weißt, wem du noch zu vergeben hast, was du noch riskieren musst, wie tief du noch lieben musst, um am Ende dieser Reise mit einem stillen Lächeln loslassen zu können.

Du weißt es immer.

Die Frage ist: Lässt du deinen eigenen Tod so nah an dich herankommen, dass du dich nicht mehr dumm stellen kannst?

Deinen Tod jetzt und hier nüchtern zu begrüßen, ist das Gegenteil von Todessehnsucht. Es ist ein Akt tiefsten Respekts vor dem Wunder deines Lebens.

Experiment: Triff deinen Tod

Bist du so mutig und weise, dich mit deinem eigenen Tod zu treffen? In alten süd- und nordamerikanischen Kulturen gab es die Tradition, sich von seinem eigenen Tod beraten zu lassen. In herausfordernden Zeiten und an besonderen Weggabelungen wurde der Tod eingeladen, um mit ihm gemeinsam zu tanzen und sich dabei von ihm den besten Weg zeigen zu lassen.

Schnapp dir dein Tagebuch, einen Stift, eine Thermoskanne mit Tee und eventuell dein Handy und Kopfhörer. Geh auf einen Friedhof, den du magst. Geh an seinen Gräbern entlang. Lass die Inschriften auf dich wirken. Mach dir bewusst, dass hier Menschen liegen, die genau wie du einfach glücklich sein wollten. Sie hatten Sehnsüchte und Pläne. Sie haben geliebt und gelitten. Sie haben mutig und intensiv gelebt oder vielleicht den Großteil ihrer kostbaren Zeit auf Erden mit Warten verbracht.

Wenn es passt, setz dir die Kopfhörer auf und höre dir noch einmal das Lied *Du stirbst, fang an zu leben* an. Stell dir vor, du tanzt mit deinem eigenen Tod.

Dann setz dich vor ein Grab, das dich im Herzen berührt, und sprich mit deinem Tod. Trinke eine Tasse Tee mit ihm. Bitte ihn, dich etwas über die Kostbarkeit des Lebens zu lehren. Bitte ihn, dir zu zeigen, was und wie du leben musst, um am Ende erfüllt und friedvoll loslassen zu können. Dann übergib ihm deine Schreibhand und lass ihn dir seine Botschaft in dein Tagebuch schreiben.

In der Arena

Vielleicht gilt unsere stärkste Angst nicht dem Tod, sondern unserer Sichtbarkeit.

Wir fürchten den Moment und sehnen ihn zugleich herbei, wenn wir die Fotofilter ausstellen, unsere Titel und antrainierten Rollen ablegen und uns selbst und den anderen nackt und authentisch begegnen. Wenn wir uns so, wie wir sind, ins Scheinwerferlicht stellen. Winzig und groß. Nichtwissend und doch weise. Verletzbar und gleichzeitig so stark.

Erst wenn wir bereit sind, uns verletzbar zu machen, werden wir das in uns entdecken, was nicht verletzt werden kann.

Komm rein und zieh die Jacke aus

und häng sie gleich da drüben auf –

dort bei den anderen.

Ego-designt, geschneidert nach Maß,

gepolstert mit Vorsicht,
mit Angst oder Hass,

besetzt mit Nieten aus Unsicherheit.

Leg sie ab – und was darunter
noch bleibt,

das bist dann du.

Komm rein in die Arena

und lass uns weit nach vorne gehen.

Hast du's nicht satt, nur zuzusehen –

so wie die meisten anderen?

Hast du nicht Lust, dich der Welt
zu zeigen,

mit Narben und Wunden,
die allen beweisen:

Du hast weit mehr überstanden
als das hier?

Die Entscheidung liegt allein bei dir:

Spiel, wenn du willst.

Dann ist das deine Arena.

Nimm deinen Mut zusammen und
tritt ins Licht,

damit jeder sehen kann, wer du bist.

Heb deinen Kopf und zeig dein Gesicht,

du bist mehr als nur ein Schattenriss.

Du wirst merken, dass der Kampf
es wert war:

Deine Seele ist frei und unverletzbar.

Hör nicht so genau hin.

Dort auf den Rängen, ja, da ist Applaus,

auf den Balkonen, da lacht man dich aus.

Doch wen kümmern schon die anderen?

In den hinteren Reihen, auf den
billigen Sitzen,

die sie vor Kugeln und Querschlägern
schützen,

da hat man gut reden, da weiß man
Bescheid –

nichts als blanker Neid.

Hör tief in *dich* hinein:

Ein Sturm aus Gefühlen,
von winzig bis groß,

gib dich ihnen hin und dann lass sie los,

und du bist frei von allem anderen.

Du merkst, wie sich in dem Moment

ganz deutlich Spreu von Weizen trennt,

und die an deiner Seite bleiben,

nicht aufhören, dich anzutreiben.

Aus Liebe und aus Stolz.

Hör in dich hinein.

Nimm deinen Mut zusammen und tritt
ins Licht,

damit jeder sehen kann, wer du bist.

Heb deinen Kopf und zeig dein Gesicht,

du bist mehr als nur ein Schattenriss.

Du wirst merken, dass der Kampf es
wert war:

Deine Seele ist frei und unverletzbar.

Mehr als Schattenboxen hinter
Milchglasscheiben,

mehr als Was-wäre-wenn-Geschichten
zu schreiben.

Mehr als: »Vielleicht mach ich's morgen,
vielleicht trau ich mich dann!«

Schütz dich nicht zu Tode, sondern
fang einfach an.

Betrachtung

Stell dir das Leben wie eine Arena vor. Die meisten Menschen verbringen – obwohl sehr geschäftig – ihr Dasein auf den Zuschauerrängen. Dort oben macht man weniger Fehler, ist nicht angreifbar und kann Dampf ablassen, während man »die da unten« kritisiert.

Dann gibt es einen schon viel kleineren Teil der Menschheit, der sich zwar noch nicht traut, einfach allein loszuspielen, aber Bock hat. Das sind Menschen, die dankbar den Impuls anderer für ein Spiel, ein Projekt oder eine Revolution aufgreifen und sich willig einbringen.

Und dann sind da die wenigen, die um die Kostbarkeit und Endlichkeit des Lebens wissen und deshalb aufgehört haben, auf eine Einladung zu warten. Jeder Tag ist ihr Moment, und sie spielen ihr Spiel.

Wie sieht es mit dir aus? Lebst du dein volles Potenzial? Folgst du deinem Ruf, und bist du bereit, dafür sichtbar zu sein? Dein Spiel muss nicht im weltlichen Sinne spektakulär sein. Vielleicht spielst du es leise und zart. Doch du wirst es fühlen, wenn du es beginnst. Zum einen, weil du die Zeit vergisst und keine äußere Belohnung mehr brauchst. Vielleicht sinkst du nach einer Niederlage am Abend mit blutigen Knien ins Bett – und dennoch bist du erfüllt, denn du hast *dich* gelebt. Außerdem wirst du sichtbarer. Denn sobald ein Mensch seine Bestimmung lebt, leuchtet er auf. Es ist bemerkenswert. Es ist, als wenn unsere Seele jubiliert, weil sie unseren Körper endlich für das nutzen kann, wofür sie gekommen ist.

Diese Sichtbarkeit hat zwei große Nachteile: Du wirst mehr Fehler machen, und du wirst angreifbarer sein. Doch die Vorteile überwiegen: Du wirst gerade in deinen Fehlern die vollkommene Ordnung des Lebens entdecken und unter deiner oberflächlichen Verletzbarkeit die Freiheit und Unversehrtheit deiner Seele. Also komm in die Arena und spiel dein Spiel.

Fragen für dich

In welchen Bereichen lebst du dein authentisches Selbst, und wo verstellst du dich eventuell noch oder hältst dich zurück?

Wenn du keine Angst vor Fehlern hättest, was würdest du sofort angehen?

Wenn du keine Angst vor Ablehnung hättest, was würde das verändern?

Wenn du dir und deiner Intuition voll vertrauen würdest, wo würdest du dich noch viel mehr einbringen? Wo würdest du deine Stimme lauter erheben? Welches Projekt würdest du initiieren?

Wie fühlst du dich in Momenten, wenn du dich verletzbar zeigst? Was kann dir helfen, damit in Frieden zu kommen und es eventuell sogar zu genießen?

Nicht der Kritiker zählt; nicht derjenige, der darauf aufmerksam macht, wie der Starke fällt oder wo der, der anpackt, es besser hätte machen können.

Die Anerkennung gebührt dem, der tatsächlich in der Arena steht, dessen Gesicht staubig und verschwitzt und voller Blut ist; der sich wacker bemüht; der sich irrt, der wieder und wieder scheitert, weil es kein Bemühen ohne Fehler und Schwächen gibt; aber der sich tatsächlich bemüht, Taten zu vollbringen; der großartige Begeisterung, großartige Hingabe kennt; der seine Kraft auf eine ehrenwerte Sache verwendet; der, im besten Falle, am Ende den Triumph einer großen Leistung kennt und der, im schlimmsten Falle, sollte er scheitern, zumindest bei einem kühnen Versuch scheitert, sodass sein Platz nie bei den kalten und furchtsamen Seelen ist, die weder Sieg noch Niederlage kennen.

Theodore Roosevelt

Experiment: Definiere deinen Polarstern

Schritt 1: Definiere die Bestimmung deines Lebens

Nimm dir etwa 30 Minuten Zeit. Stell dir vor, heute ist der Tag, an dem du von jeder inneren Bremse gehst. Selbst wenn du noch nicht weißt, was das konkret bedeutet, stell dir vor, du lebst ab jetzt frei deine Bestimmung. Nun denke an das Ende deines Lebens, an deine Beerdigung. Visualisiere, wie ein Mensch, der dich sehr gut kannte, eine Rede über dich hält. Dieser Mensch spricht darüber, was für ein Mensch du warst, was deine fünf bemerkenswertesten Qualitäten waren, welchen Unterschied du im Leben der anderen gemacht hast und wie die Welt sich durch dich verändert hat. Schreibe diese Rede.

Schritt 2: Fuck the Fear

Schreibe alle Ängste und Zweifel auf ein Blatt Papier, die dich bis jetzt davon abgehalten haben, vollends authentisch und frei zu leben. Schreibe, bis dir wirklich nichts mehr einfällt. Lies dir das Geschriebene anschließend noch einmal durch und mach dir klar: Du bist nicht deine Ängste. Du bist größer als sie. Hör erneut das Lied *In der Arena* und verbrenne dabei das Papier.

Schritt 3: Geh einfach los

Schließe nun die Augen und frage dich: »Wenn ich mir selbst voll vertrauen würde, was wäre dann mein nächster Schritt?« Schreib die Antwort auf. Und dann ... tu es. Spiel dein Spiel.

Folge der Freude

Es ist, als ob die Schöpfung geahnt hätte, dass wir uns in einer Welt der Millionen Optionen, aufgewühlt von Angst und Gier, leicht verirren können. Deshalb hat sie uns ein untrügliches Signal für den richtigen Weg ins Herz gepflanzt – Freude.

Reine, natürliche Freude.

Folge der Freude, und zwar wie verrückt.

Lass dich gehen und nimm mich mit.

Grundlos, uferlos, Hals über Kopf.

Folge der Freude,
wie 'ne hungrige Meute,

so, als gäbe es nur heute.

Lachen, tanzen, lieben, küssen,

wild sein, frech sein, alles dürfen,
gar nichts müssen.

Verrückt, verzückt, beglückt.

Die besten Trips beginnen

mit deinem ersten kleinen Schritt.

Folge der Freude, und zwar wie verrückt.

Lass dich gehen und nimm mich mit.

Grundlos, uferlos, Hals über Kopf.

Folge der Freude,
wie 'ne hungrige Meute.

Folge der Freude, und zwar wie verrückt.

Lass dich gehen und nimm mich mit.

Grundlos, uferlos, Hals über Kopf.

Folge der Freude,
wie 'ne hungrige Meute,

so, als gäbe es nur heute.

Welchen Scheiß willst du lassen?

Was macht dir am meisten Spaß?

Ganz ehrlich, was willst du stattdessen?

Geh von der Bremse, tritt aufs Gas.

Wonach sehnst du dich wirklich?

Nichts ist zu groß und nichts zu klein.

Träum dich frei und handele mutig,

denn nichts ist zu gut, um wahr zu sein.

Folge der Freude, und zwar wie verrückt.

Lass dich gehen und nimm mich mit.

Grundlos, uferlos, Hals über Kopf.

Folge der Freude,
wie 'ne hungrige Meute.

Folge der Freude, und zwar wie verrückt.

Lass dich gehen und nimm mich mit.

Grundlos, uferlos, Hals über Kopf.

Folge der Freude,
wie 'ne hungrige Meute,

so, als gäbe es nur heute.

Eiscreme, surfen, Orgasmus, schwitzen.

Fluchen, feiern.

Stille.

Folge der Freude, und zwar wie verrückt.

Lass dich gehen und nimm mich mit.

Grundlos, uferlos, Hals über Kopf.

Folge der Freude,
wie 'ne hungrige Meute.

Folge der Freude, und zwar wie verrückt.

Lass dich gehen und nimm mich mit.

Grundlos, uferlos, Hals über Kopf.

Folge der Freude,
wie 'ne hungrige Meute.

Folge der Freude, und zwar wie verrückt.

Lass dich gehen und nimm mich mit.

Grundlos, uferlos, Hals über Kopf.

Folge der Freude,
wie 'ne hungrige Meute,

so, als gäbe es kein Morgen.

Betrachtung

Es mag so banal klingen und doch kommt es einer Revolution gleich, wenn ein Mensch wählt, sich selbst als wertvoll zu sehen und konsequent der Freude zu folgen. Noch nicht erzogene Kinder folgen instinktiv der Spur der Freude, von innen heraus. Sie suchen im Spiel nach Möglichkeiten, sich intrinsisch zu begeistern. Das macht auch Sinn, denn so lernt unser Gehirn am schnellsten. Potenzialentfaltung bedeutet letztendlich, dieser inneren Spur der Begeisterung zu folgen.

Wir durch Erziehung und Schule auf Leistung getrimmte Erwachsene reden uns ein, wir täten unseren Kids etwas Gutes, wenn wir ihnen im Namen der »Vernunft« beibringen, ihren Instinkt für Freude zu ignorieren und sich stattdessen den äußeren Motivationsprinzipien von Belohnung und Bestrafung zu unterwerfen.

Die Wahrheit ist: Wir können gar nicht einschätzen, wie unsere Gesellschaft aussehen würde, wenn wir alle von Beginn an ermutigt worden wären, nur die Wege zu gehen, die unser Herz wählt. Um Missverständnisse zu vermeiden: Damit sind nicht die oberflächlichen Erregungskicks gemeint, die uns Actionfilme, soziale Medien oder Süßigkeiten verpassen. Das ist ein Missbrauch unserer inneren Belohnungskreisläufe. Denn wir lernen so, uns zu erregen, ohne etwas dafür zu riskieren. Ich meine jene gesunde Freude, die du spürst, wenn du deiner Bestimmung folgst und dabei immer wieder über dich hinauswächst.

Und wie erkennst du den Unterschied zwischen fadem Spaß und wahrer Freude? Ganz einfach: am Nachhall. Die falschen Befriedigungen hinterlassen immer einen schalen Nachgeschmack, eine Form von Leere, denn sie haben dein Ego angekickt, dich aber von deinem Herzen weggeführt.

Wenn du wissen willst, ob ein Projekt, eine Beziehung oder ein Weg angemessen für dich ist, überlege dir: Wird langfristig die Freude mehr? Wird sie tiefer, feiner? Macht sie dich stiller? Erfüllt sie dich nachhaltig?

Von der Gesellschaft wurde uns von klein auf beigebracht, den untrüglichen Instinkt unserer unschuldigen Freude zu ignorieren und stattdessen der Pflicht oder überstimulierenden Reizen zu folgen. Wenn wir nicht aufpassen, geben wir diese Konditionierung auch an unsere Kids weiter. Wir erschaffen gemeinsam ein System, das an so vielen Stellen keinen Sinn ergibt. Wir halten das Hamsterrad am Rollen, weil wir uns vor dem Unbekannten fürchten, wenn es anhält. Doch diesen Mut müssen wir aufbringen, denn das Spiel ist krank. Es macht uns wütend, traurig und irgendwann depressiv.

Die gute Nachricht ist: Der Weg raus aus diesem Spiel liegt stets direkt vor deinen Füßen. Du weißt vielleicht nicht, wohin er dich führt, doch er zeigt dir immer den nächsten Schritt. Bist du bereit für eine sanfte und zugleich radikale Revolution? Dann folge wieder der Freude.

Fragen für dich

Was bereitet dir schon lange keine Freude mehr? Warum machst du weiter?

Könntest du hier auf Anhieb mindestens zehn Dinge aufzählen, die dir Freude bereiten?

Wie viele dieser Dinge kannst du in deinen drei wichtigsten Beziehungen und in deiner Arbeit leben?

Mal angenommen, du würdest dir schwören, ab jetzt der Spur deiner inneren Freude zu folgen. Was fällt dir ein, was du sofort lassen würdest? Und was würdest du sofort beginnen oder verstärken?

Deine erste Pflicht ist, dich selbst glücklich zu machen.

Bist du glücklich, so machst du auch andere glücklich.

Ludwig Feuerbach

Experiment: Kultiviere Freude in deinem Alltag

Freude ist ein, wenn nicht gar der wichtigste Richtungsweiser. Wir erblühen und zugleich sehen wir unseren Weg klarer, wenn wir Freude erfahren. Erstelle eine Liste all der Situationen, Themen und Tätigkeiten, die dir auf natürliche Weise Freude bereiten. Lass dich nicht entmutigen, falls dir zuerst nur einige wenige einfallen. Ich empfehle dir, deine Liste auf ein großes Blatt Papier zu schreiben und an eine Wand zu hängen. Wann immer dir etwas Neues einfällt, ergänze die Liste.

Kultiviere Freude, indem du dir täglich mindestens ein Element deiner Freudeliste vornimmst, erlebst und bewusst darauf achtest, wie du dich währenddessen und danach fühlst. Nimm wahr, wie du dich proaktiv um die Stimulation von Freude kümmerst, und erkenne dich dafür an. Am besten laut. Eigenlob stinkt nämlich nicht, sondern duftet und verstärkt Freude. Erforsche deine drei bis fünf wichtigsten Beziehungen unter dem Gesichtspunkt von Freude. Wie viele deiner Freudefaktoren kannst du in diesen Partnerschaften leben? Je mehr, desto besser. Wenn du hier schon viel Freude erfährst, ist es vielleicht ein guter Zeitpunkt, eure Verbindung und deine*n Partner*in dankbar anzuerkennen. Wenn es zu wenig ist, sprich es an. Lade euch beide ein, die Beziehung in einen Garten der Freude für euch beide zu verwandeln. Verzichte dabei auf Vorwürfe. Sprich in klaren Wünschen und lade auch dein Gegenüber dazu ein.

Denselben Check führe mit deinem Job durch. Du musst nicht mit jedem deiner Freudefaktoren konkret Geld verdienen, aber je mehr du von deiner Liste in deine Arbeit einbringen kannst, desto lustvoller, kreativer und erfolgreicher wirst du wirken. Sei erfinderisch! Wie kannst du deine kleinen und großen Passionen in deinen Beruf einbringen?

Queen is rising

Der Archetyp der Königin ist keine nette Idee, sondern ein mächtiges Programm, tief verankert in unserer kollektiven geistigen DNA. Jede Frau* kann sie in sich aktivieren, und das ist es, was jetzt gebraucht wird, um die Welt zu heilen.

Andrea Lindau, *Queen is rising*

Wir zeigen uns, die, die wir sind.

Wir gebären Leben, wir gebären Sinn.

Wir stehen im Feuer, und wir halten
das aus.

Du mit mir, Frau zu Frau.

Zeit zu leben,
was wir schon so lange wissen,

es der Welt zu zeigen und
sie aufzumischen.

Wir sind stark,

wir sind Frau,

wir sind love,

wir sind wow.

Wir sind stark,

wir sind Frau,

wir sind love,

wir sind wow.

Queen is rising!

We will be there for you

and we will care to guide you through.

Together we share something quite new.

Beseele deinen Körper,
lass uns Schwestern sein.

Stolz und frei, starke Weiblichkeit.

Wir sind schön,

wir sind Sex,

wir sind Sinnlichkeit.

Wir hinterlassen Spuren,

aber keine Narben.

Unsere Power ist das Beste,
was wir haben.

Wir sind stark,

wir sind Frau,

wir sind love,

wir sind wow.

Wir sind stark,

wir sind Frau,

wir sind love,

wir sind wow.

Queen is rising!

We will be there for you

and we will care to guide you through.

Together we share something quite new.

We will be there for you

and we will care to guide you through.

Together we're strong and stick like glue.

We will be there for you

and we will care to guide you through.

Together we're strong and stick like glue.

Queen is rising!

Betrachtung

Gemessen an dem, wo wir herkommen, ist es erstaunlich, was der Feminismus in den letzten hundert Jahren bereits an alten Strukturen erschüttert hat und welche neuen Wege er gebahnt hat. Jedoch sind wir immer noch schmerzhaft weit von echter Gleichberechtigung oder gar der Co-Creation zwischen den Geschlechtern entfernt. Auch wenn ich ein Mann bin (oder gerade deshalb), scheue ich nicht davor zurück, die Dinge klar zu benennen: Die meisten menschengemachten Krisen, die unsere Spezies immer weiter in Richtung Abgrund drängen, finden ihre Ursache in zehntausend Jahren Patriarchat und der damit einhergehenden Dominanz männlicher Daseinsqualitäten. Ich fürchte mich nicht vor den Zeiten, sondern sehne sie herbei, in denen Frauen ihre Sicht, ihre Weisheit und ihre Stärken noch selbstbewusster einbringen und auf weibliche Weise in Führung gehen. Ich fühle mich als Mann von dieser Vorstellung nicht bedroht, denn das Erstarken des weiblichen Poles wird auch zu einer Gesundung des Männlichen führen. Da dieses komplexe Thema viele Fettnäpfchen parat hält, in die ich hier nicht treten möchte, empfehle ich an dieser Stelle die Lektüre meines Buches *Genesis. Die Befreiung der Geschlechter* und die von Andreas Buch *Queen is rising*.

Ich bin dankbar, dass die Frau an meiner Seite, Andrea, sich bereit erklärt hat, einen Song beizusteuern. *Queen is rising* richtet sich nicht nur an Frauen, sondern an alle Menschen, die sich mit diesen machtvollen und zugleich großherzigen Archetypen identifizieren können. Da das Thema oft so schmerzbelastet ist, haben wir beschlossen, eine betont lustvolle feministische Hymne zu schreiben. Ich hoffe so sehr, dass auch du damit in Resonanz gehst und das Lied dich an deine Schönheit und Power erinnert.

Wir brauchen euch. Wir brauchen die Königin. Jetzt.

Fragen für dich

Was assoziierst du mit dem Archetypus der Königin? Wo und wie berührt er dich positiv?

Bist du in Kontakt mit deinen weiblichen Qualitäten (Intuition, Empathie, Eros, Teilen, ...) und lebst du sie?

Wo und wie geht die Königin in dir noch zu wenig in die Sichtbarkeit und Führung?

Fühlst du dich auf eine natürliche, souveräne Weise schön? Wenn nicht, was könntest du tun, um diese Wunde zu heilen?

Wenn du eine Frau bist: Lebst du eine ehrliche, innige unterstützende Form von Sisterhood? Wenn du ein Mann bist: Inwieweit leistest du einen aktiven Beitrag zur Auflösung des Patriarchats und der Heilung der damit verbundenen kollektiven Wunden?

Es gibt so gut wie keine Frau*, die nicht manchmal oder oft mit ihren vermeintlichen Schönheitsmakeln ringt. Da uns dies so viel Energie raubt und unseren Selbstwert massiv angreift, ist es höchste Zeit, dass wir radikal hinterfragen, was Schönheit überhaupt ist. Es ist Zeit, dass wir uns von antrainierten geistigen Dogmen lösen und so unseren Blick für wahre Schönheit öffnen. Denn wir sind schön. Wunderschön! [...] Es ist Zeit, dass wir die Hoheit über Schönheit zurückgewinnen. Denn hier kommt das Geheimnis: Du kannst den Maßen der perfekten Models aus deiner Lieblingsillustrierten entsprechen und dennoch den Eros- und Ekstaselevel einer vertrockneten Möhre haben, weil dein Hirn die ganze Zeit verkrampft Kalorien zählt und sich vor der ersten Falte fürchtet. Oder aber du reinigst deinen Geist von all dem wirren Wahnsinn, der uns infiltriert wurde, und holst dir so den Blick für wahre Schönheit zurück.

Andrea Lindau, *Queen is rising*

Experiment: Schenke deinem Körper deine Liebe

Hier kommt ein Impuls von Andrea aus ihrem Buch *Queen is rising*, um die Königin in dir zum Leben zu erwecken. Wenn du magst, hör dir nach dem Ritual noch einmal das Lied *Queen is rising* an.

Nimm dir acht Tage lang jeden Tag einen kleinen heiligen Moment Zeit für dich, um allein mit deinem Körper zu sein. Stell dich vor einen Spiegel – erst angezogen, dann nackt. Ich weiß, dass allein das manchmal schon eine Herausforderung ist. Doch du schaffst das. Du weißt, dass viele andere Frauen* es auch tun und mit dir sind. Zusammen sind wir so viel stärker. Betrachte dich im Spiegel. Das bist du. Sieh richtig hin. Voller Liebe. Betrachte jede Stelle deines Körpers. Alles will geliebt werden. Bitte um Verzeihung, wenn du wertend und nicht liebevoll an eine Zone denkst. Doch akzeptiere es auch, denn es ist okay – besser geht es dann gerade noch nicht. Das bist nicht wirklich du, sondern es ist das System!

Nun gib dir auf den Arm oder an irgendeine andere Stelle einen Kuss. Nicht schnell hingeküsst, sondern wirklich langsam, präsent und voller Hingabe. Du wirst dich lieben lernen. You will see.

Mögliche Intensivierung dieses Rituals

Berühre dich an einer Stelle deines Körpers, mit der du auf Kriegsfuß stehst. Lege deine Hand sanft auf dein Speckröllchen, deine Schwangerschaftsstreifen, deine kleinen Brüste ...

Spüre die Begegnung zwischen Hand und Körperstelle. Kannst du dieser Region jetzt in diesem Moment Liebe und Zärtlichkeit senden? Kannst du fühlen, wie sehr sich jede einzelne Zelle danach sehnt, dass du deine Seele wieder in sie zurückströmen lässt? Übe nun etwas Druck mit deiner Hand aus, immer noch sehr liebevoll, aber vielleicht sinnlich, erotisch. Fühlst du etwas anderes? Spürst du, wie viel Leben sich dir entgegenstreckt?

King is back

Männer sind in Wahrheit das unterschätzte Geschlecht. Zehntausend Jahre Patriarchat haben uns korrumpiert und konditioniert. Es ist Zeit, dass wir die uns antrainierten Rollen hinterfragen und uns anschauen, welchen Preis wir gezahlt haben.

Es ist Zeit, dass wir den Mut aufbringen, den Panzer um unser Herz sanft zu sprengen und uns selbst und der Welt zu zeigen, wie tief wir lieben können.

An alle Männer,

Väter, Brüder, Söhne.

Dies ist ein Weckruf für
den König in uns.

10 000 Jahre war der König im Exil,

eingeschlafen auf dem Thron der Macht.

Kleine Jungs und Tyrannen haben
die Welt regiert,

es ist Zeit, dass der König erwacht.

Er blickt auf sein Werk,

müde vom Kämpfen, sinnlos die
Schlacht.

Ein enger Panzer ums Herz.

Es ist Zeit, dass der König erwacht.

Wir haben uns verloren, jetzt
komm' wir zurück.

Genug gejagt, genug gewütet.

Ein König herrscht nicht, sondern hütet.

Ein König besitzt nicht, sondern liebt.

Ein König nimmt nicht, sondern gibt.

Ein König ist nicht blind.

Ein König sieht.

(King is back)

Wenn dein Stolz geht, wenn dein
Panzer bricht,

wenn dein Herz bebt, ist der König
zurück.

(King is back)

Wenn du dich erhebst und
deine Wahrheit lebst,

wenn du der Liebe dienst,
ist der König zurück,

ist der König zurück.

Ich habe einen Traum

von einer Welt, in der sich
jedes Mädchen sicher fühlt,

von unserer Ehre und Güte bewacht.

Es ist Zeit, dass der König erwacht.

Von einer Welt, in der frau uns feiert,

keine Angst mehr vor uns hat,

weil wir wahr sind, weil wir lieben,

weil wir klar sind, wofür wir leben.

Wir haben Visionen, die vereinen.

Wir bauen auf, und wir heilen.

Wir lachen, wir tanzen, wir weinen.

Ein König besitzt nicht, sondern liebt.

Ein König nimmt nicht, sondern gibt.

Ein König ist nicht blind.

Ein wahrer König sieht.

(King is back)

Wenn dein Stolz geht, wenn dein Panzer
bricht,

wenn dein Herz bebt, ist der König
zurück.

(King is back)

Wenn du dich erhebst und
deine Wahrheit lebst,

wenn du der Liebe dienst,
ist der König zurück,

ist der König zurück.

Ein König besitzt nicht, sondern liebt.

Ein König nimmt nicht, sondern gibt.

Ein König ist nicht blind.

Ein wahrer König sieht.

(King is back)

Wenn dein Stolz geht, wenn dein Panzer
bricht,

wenn dein Herz bebt, ist der König
zurück.

(King is back)

Wenn du dich erhebst und deine Wahrheit lebst,

wenn du der Liebe dienst, ist der König
zurück,

ist der König zurück.

Der König ist zurück.

Betrachtung

Dieses Lied ist mein leidenschaftlicher Appell an meine Brüder, uns in dieser besonderen, herausfordernden Zeit noch wesentlich mehr einzubringen, und zwar in unserer reifsten Version. Lieber Mann, ich hoffe, dass der Song es schafft, dich zu berühren – an einem Ort in deinem Herzen, in dem vermeintlich altmodische Tugenden wie Ehrlichkeit, Anstand, Großzügigkeit und Milde noch etwas zählen.

Wir Männer befinden uns derzeit auf so vielen Ebenen in der Krise und haben es größtenteils noch nicht einmal realisiert. Unsere klassischen Rollen – der Tyrann, der Macho, der kleine Junge, der Labersack ... – greifen nicht mehr. Der König aus diesem Lied ist nicht nur eine nette Idee. Er ist einer der mächtigsten Archetypen der menschlichen Seele. Er ist ein schöpferisches Programm, hinterlegt in der kollektiven geistigen DNA der Menschheit, abrufbar durch dich. Der König steht für den Mann am Zenit seiner Entwicklung. Er kennt sein Licht und seinen Schatten. Er ist in sich angekommen und hat den Auftrag seines Lebens gefunden und angenommen. Er hat einen Polarstern, an dem sich sein gesamtes Wirken orientiert. Er sieht die Welt mit mildem Auge. Er führt die ihm anvertrauten Systeme nicht in seinem persönlichen Interesse, sondern zum Wohle aller souverän durch die Herausforderungen der Gegenwart in eine bessere Zukunft.

Ich schaue mich um, und ich sehe, dass unsere Frauen und Kinder, aber auch wir selbst müde sind von einer überholten Form des Mannseins. Alles sehnt sich nach Männern, denen man vertrauen kann.

In der Hoffnung, dich zu berühren und an etwas zu erinnern, was du schon immer in dir trägst: King is back.

Fragen für dich

Wenn du kein Mann bist: Was berührt das Lied in dir? Mit welchem Mann würdest du vielleicht gern darüber sprechen?

Wenn du ein Mann bist: Was macht das Bild eines Königs mit dir? Berührt es dich, und wenn ja, wo?

Was bedeutet Ehre für dich? Hast du so etwas wie einen Ehrenkodex? Aus welchen Werten setzt er sich zusammen?

Wo verrätst du deine Werte im Augenblick noch? Ist es an der Zeit, damit aufzuhören?

Traust du dich, offen, verwundbar und tief zu lieben?

Ein wahrer König giert nicht nach Macht. Er wird zum König berufen. Nicht weil er herrschen will, sondern weil er bereit ist, mit seinem ganzen Wesen, dort wo er ist, dem Leben zu dienen.

Er versteht, dass er auf eine unpersönliche Weise wichtig ist. Nicht nur für sich und seine eigene Familie, sondern für die kollektive Heilungsarbeit. Dafür kämpft er still und sanft seinen heiligen Kampf.

Da, wo die meisten anderen wegsehen, schaut er hin. Da, wo die meisten sich verschließen, öffnet er sein Herz. Auch wenn er gelernt hat, sein Schwert in Extremsituationen zu führen, weiß er, dass die ultimative Kunst darin besteht, es nicht anzufassen.

Der ultimative Drache, den er nicht erlegen, jedoch reiten lernen kann, ist das Lieben ohne Panzer.

Experiment: Stärke den König in dir

Folgende Impulse können dir dabei helfen, den Archetypus des Königs in dir zu wecken und zu stärken.

Erkenne deinen Kodex. Woran misst du den Wert deines Lebens? Nimm dir Zeit und beschäftige dich intensiv mit dem Wort Ehre. Welche fünf bis acht Werte verkörpern für dich deinen persönlichen Ehrenkodex?

Formuliere deine Beichte. Setz dich allein vor einen Spiegel und beichte dir schonungslos ehrlich, in welchen Situationen deines Lebens du dich nicht ehrenvoll, nicht sauber, nicht integer gefühlt hast. Wo bist du aus Versuchung schwach geworden? Wo hast du aus Angst gekniffen? Wo hast du mit der dir anvertrauten Macht (körperlich, geistig, finanziell ...) andere Menschen unterdrückt, benutzt oder verletzt? Wie hast du dir selbst wehgetan?

Äußere deine Wiedergutmachung. Gibt es etwas, was du wiedergutmachen willst und kannst? Möchtest du bestimmte Menschen um Verzeihung bitten?

Errichte dein Vermächtnis. Egal was du bis jetzt geleistet oder vergeigt hast, stell dir vor, du kannst heute neu anfangen. Was für ein Mensch willst du sein? Was für ein Feld der Unterstützung willst du für deine Liebsten, Freund*innen, Kolleg*innen ... sein? Was willst du aufbauen? Was willst du hinterlassen? Was wird durch dich schöner und besser auf der Welt?

Sei konkret. Was willst du heute verändern?

Ich finde in dir

Erst die Liebe macht den Menschen zum Menschen.

Unbekannt

Ich finde in dir

die Umarmung meiner Seele,

mein Zuhause, meine Ziele,

gemeinsam sind wir frei.

Ich finde in dir mein Spiegelbild,

so wie ich aussehe, wenn ich
vollkommen nackt bin,

bar jeder Sicherheit.

Ich finde in dir

große Schätze, die ich berge,

mit keinem Geld der Welt zu wiegen,

gemeinsam sind wir reich.

Ich finde mit dir meinen Polarstern,

wofür ich brenn.

Give it a name.

Sem saber porquê

acordei

sem saber estou aqui

Chamaram-me os dois

Entao?

O que foi? Diz!

(Ohne zu wissen, warum,

erwachte ich.

Ohne es zu wissen, bin ich jetzt hier.

Ihr habt mich gerufen.

Was ist es?

Was ist passiert? Sag es!)

Ich finde in dir den Finger
in meinen Wunden

und Heilung damit verbunden,

es tut oft richtig weh.

Ich finde in dir das Spiel- und auch
das Schlachtfeld,

du, der mich in Atem hält,

stilles Wasser und hohe See.

Ich finde in dir Fehler
und Vollkommenheit,

Teil dieser Menschheit, die noch
so wenig versteht.

Ich finde mit dir den Mut zur Größe,

wofür wir da sind.

Give it a name.

Agora, para sempre

eternamente

Sao as palavras que o amor sempre diz

Sem medo

Sem credo

Sem querer

Eternamente tu e eu: Vai!

(Jetzt, für immer,

in Ewigkeit.

Das sind Wörter,
welche die Liebe stets sagt.

Ohne Angst,

ohne Glaube,

ohne Wollen.

Ewig du und ich: Geh!)

Ich rufe die Liebe.

Ich gebe mich hin.

Wir rufen die Liebe.

Wir geben uns hin.

Betrachtung

Sicher ist *Liebe* das mit Abstand am häufigsten missbrauchte Wort in der Geschichte der Menschheit. Viele Menschen haben im Namen von Liebe tiefe Verletzung und Enttäuschung erfahren. So ist es verständlich, dass Zyniker*innen die romantische Liebe für eine Illusion halten, die wir in unserem Bedürfnis nach Ganzheit auf einen anderen Menschen projizieren. Das mag sogar stimmen. Doch was geschieht, wenn wir nach dem Abflauen der ersten Verzückung weder auseinandergehen noch in Routine einschlafen, sondern beginnen, uns existenziell aufeinander einzulassen? Was, wenn wir das Verliebtsein nicht als erstrebenswerten Endzustand, sondern als Ouvertüre für eine wesentlich reifere Beziehung sehen? In der wir gemeinsam und ehrlich die verschiedenen Dimensionen der Liebe erforschen?

Die Beziehung zwischen Andrea und mir hat in nunmehr dreißig Jahren alle Höhen und Tiefen einer zwischenmenschlichen Verbindung erlebt. Wir sind wild und verzückt übereinander hergefallen. Wir haben uns in uralten Wunden getriggert und den anderen dafür verantwortlich gemacht. Doch wir sind selbst im heißesten Feuer miteinander stehen geblieben, weil wir daran geglaubt haben, dass sich die starke Anziehungskraft zwischen zwei Menschen in einen Forschungsraum und ein Heilungsbiotop verwandeln lässt. So haben wir im Laufe der Zeit gelernt, unsere Partnerschaft zu nutzen, um die Vergangenheit zu heilen, miteinander bewusst Zukunft zu gestalten und das Beste in unserem Gegenüber zu fördern. Diese Art zu lieben, ist ein Weg. Er führt durch immer wieder neue Räume, durch noch tiefere Dimensionen der Liebe. Wir ahnen, dass es ein Zentrum dieser Reise gibt, auf das wir uns alle zubewegen. Von dorther strahlt eine unpersönliche Kraft, die den Namen *Liebe* verdient. Und sie wird uns nicht in Ruhe lassen, bis wir ihr auch all das übergeben, was noch nicht *Liebe* ist.

Fragen für dich

Was bedeutet *Liebe* für dich?

Liebst du tief und frei genug? Was hast du noch nicht gegeben?

Wenn du gerade als Single unterwegs bist: Ist das Thema Liebesbeziehung für dich erledigt, oder ist es Zeit, deine Sehnsucht noch stärker zu bejahen?

Wenn du gerade in einer Partnerschaft bist: Erlebst du diese als erfüllt, oder fehlt dir etwas? Falls dir etwas fehlt, was genau ist es? Bist du bereit, deiner Sehnsucht noch stärker zu folgen und dich damit noch ehrlicher zu zeigen?

Weißt du und kannst du es fühlen, dass eine lebendige, erfüllte Beziehung dein Geburtsrecht ist?

Als wir uns fanden, waren wir blind. Wir verletzten uns.

Der Treibsand unserer Missverständnisse zog uns voneinander weg.

Doch eine geheime Kraft,

nennen wir sie Liebe,

verführte uns, immer wieder aufeinander zuzugehen.

Wir fürchteten uns, aber wir blieben im Feuer der Nähe stehen.

Wir berührten einander.

Das Dunkle kam ins Licht.

Das Licht gab sich dem Dunklen hin.

Das Hässliche offenbarte seine eigene zarte, leise Schönheit.

Alte Wunden brachen auf und heilten. [...]

Wir erinnerten uns. Der Geist wurde still.

Wir erhoben unseren Blick und ...

erkannten uns.

Veit Lindau, *Liebe radikal*

Experiment: Rufe die Liebe in dein Leben

Liebe ist dein Geburtsrecht. Du hast das Recht, deiner Sehnsucht zu folgen. Du hast das Recht, eine Vision für eine lebendige Liebesbeziehung zu empfangen und dich für ihre Manifestation zu öffnen.

Wenn du gerade allein lebst: Nimm dir Zeit. Höre das Lied *Ich finde in dir*. Was bringt es in dir zum Klingen? Formuliere ehrlich und ausführlich, am besten schriftlich, welche Enttäuschungen und Frustrationen du eventuell bis hierher in deinen Beziehungen erfahren hast, aber auch, wofür du dankbar bist. Welche Schlussfolgerungen hast du daraus gezogen? Wenn noch viel mehr möglich wäre und wenn eine erfüllte Liebesbeziehung dein

Geburtsrecht ist: Wünschst du dir eine Liebesbeziehung? Wenn ja, wie? Notiere exakt, wie du sie dir vorstellst. Dann höre noch einmal das Lied. Schließe deine Augen. Stell dir vor, dass irgendwo da draußen dein*e Partner*in bereits existiert. Rufe sie oder ihn. Rufe auch die Liebe an. Bitte sie, zu kommen, dich zu heilen und zu führen.

Wenn du gerade in Partnerschaft lebst: Nehmt euch gemeinsam Zeit. Hört das Lied *Ich finde in dir*. Was bringt es in euch zum Klingen? Formuliert ehrlich und ausführlich, am besten schriftlich, welche Enttäuschungen und Frustrationen ihr eventuell bis hierher in eurer Beziehung erfahren habt, aber auch, wofür ihr dankbar seid, was gut läuft. Dann fragt euch: Wenn zwischen euch noch viel mehr möglich ist und wenn eine erfüllte Liebesbeziehung euer Geburtsrecht ist, was wünscht sich jede*r von euch? Notiert zuerst jede*r für sich exakt, was ihr euch jeweils vorstellt. Dann tauscht euch aus. Hört noch einmal das Lied. Schließt dabei eure Augen. Stellt euch eure Beziehung genau so vor, wie ihr sie wollt. Ruft auch die Liebe an. Bittet sie, zu kommen, eure Beziehung zu segnen und euch zu lehren.

Ubuntu

Ein europäischer Forscher bot hungrigen Kindern eines afrikanischen Stammes ein Spiel an. Er stellte einen Korb mit süßen Früchten an einen Baum und sagte ihnen, wer zuerst dort sei, gewinne alles Obst. Als er ihnen das Startsignal gab, nahmen sie sich gegenseitig an den Händen, liefen gemeinsam los, setzten sich dann zusammen hin und genossen die Leckereien. Als der Forscher die Kinder verwundert fragte, warum sie das taten, obwohl doch jedes Kind die Chance gehabt hatte, die Früchte für sich selbst zu gewinnen, antworteten sie sinngemäß: »Ubuntu. Wie kann einer von uns froh sein, wenn all die anderen traurig sind?«

Lia Diskin, auf einem Friedensfestival in Südbrasilien im Jahr 2006

Es gab eine Zeit,

wir waren so viele und dennoch allein.

Wir glaubten an Trennung und
hatten Angst.

Wir sprachen tausend Sprachen,
doch wir verstanden einander nicht.

Wir wussten so viel, doch ohne die
Liebe waren wir nichts.

Ich bin, weil du bist.

Ich sing, weil du hörst.

Wir sind, vollkommen oder nicht,

so eng miteinander verbunden.

Ich suche meine Weggefährten,
und ich erkenne sie.

Hörst du meinen Ruf? Vertrau
der Energie!

Ich erfahre, wer ich bin, weil du
mich siehst.

Ubuntu ... ich bin, wer ich bin,
weil du bist, wer du bist!

Ich bin, weil du bist.

Und wir erkannten einander.

Ubuntu.

Betrachtung

Ubuntu beschreibt eine Philosophie und ein Lebensgefühl der afrikanischen Länder südlich der Sahara. In einem Satz zusammengefasst lautet die Botschaft: »Ich bin, weil wir sind.« Unsere westliche, hoch individualisierte Gesellschaft betont die Bedeutung und Leistung des Individuums. Sie macht uns anfällig für die Hybris des Egos, indem wir prahlen: »Schau, was ich erreicht habe!« Gleichzeitig erzeugt sie ein absurdes Paradox: Obwohl wir so viele sind und so eng zusammenleben, spricht die Forschung inzwischen von einer »Epidemie der Einsamkeit«. Chronische Einsamkeit ist zu einem gesundheitlichen und psychischen Problem geworden, das nicht nur ältere oder kranke Menschen betrifft, sondern zunehmend auch die jüngeren Generationen. Die sozialen Medien verstärken diesen Effekt.

Mit Sicherheit haben wir uns alle schon einmal einsam gefühlt und wissen daher, wie belastend das sein kann. Was es mit einem Menschen macht, sich permanent ausgeschlossen zu fühlen, möchte ich mir gar nicht vorstellen, und vor allem möchte ich niemandem die eigenen Gefühle absprechen[1]. Und doch würde ich gern ein kleines Gedankenspiel wagen: Was, wenn diese Trennung von unseren Mitmenschen eine Illusion ist?

Das Mantra des Songs *Ubuntu* zerreißt die Spinnweben des Traums von der Trennung, damit wir wieder klar sehen können. Wir sind, ob wir wollen oder nicht, auf so vielen Ebenen miteinander verbunden: energetisch, spirituell, sozial, wirtschaftlich ...

Es gibt keinen isolierten Erfolg und keine isolierte Niederlage. Alles, was wir tun, wirkt sich auf alles aus, und auch wir werden wiederum von allem beeinflusst. Jede unserer Beziehungen hemmt oder fördert unser Potenzial. Unsere Kommunikation ist niemals neutral.

[1] Falls auch du unter Einsamkeit leidest, findest du im Anhang Tipps und Anlaufstellen.

Jedes Gespräch webt einen unsichtbaren Faden in den kollektiven Mythos der Menschheit und formt so die Zukunft. Ubuntu erinnert uns liebevoll an die offensichtliche Tatsache, dass wir alle ein kleiner, aber so wichtiger Teil eines größeren Ganzen sind.

Die Erkenntnis »Ich bin, weil du bist« ist die natürliche Grundlage für Menschlichkeit, Respekt, Nächstenliebe und Solidarität. Wir brauchen einander. Wir erschaffen einander.

Fragen für dich

Fühlst du dich manchmal einsam? Auf wen könntest du zugehen, um diese Trennung aufzulösen?

Wie verbunden fühlst du dich mit der Welt und wo hört deine Verbundenheit auf? Wen schließt du noch aus deinem Herzen aus? Tut dir das gut?

Wer sind die drei wichtigsten Menschen in deinem Leben? Wissen sie das?

Bietest du deinen Mitmenschen ein nährendes Feld, in dem sie erblühen können? Wenn du mutig bist, frag sie.

Ein Mensch mit Ubuntu ist offen und zugänglich für andere, fühlt sich durch andere bestätigt und nicht bedroht, sondern weiß um die Fähigkeiten und Güte anderer. Er oder sie besitzt eine ausgeprägte Selbstsicherheit, die von dem Wissen herrührt, dass er oder sie einem größeren Ganzen angehört.

Desmond Tutu

Der nächste Buddha wird nicht in Form eines Individuums erscheinen. Der nächste Buddha könnte die Form einer Gemeinschaft annehmen, einer Gemeinschaft, welche Mitgefühl und liebevolle Zuwendung übt, einer Gemeinschaft, welche ein achtsames Leben übt. Dies könnte unser wichtigster Beitrag sein für das Überleben der Erde.

Thich Nhat Hanh

Experiment: Sei gelebtes Ubuntu

Ubuntu wird durch konkrete Handlungen des Respekts und des Mitgefühls zum Leben erweckt. Du kannst ewig darauf warten, dass es »die anderen« tun – oder du bist mutig und gehst selbst den Schritt. Hier ein paar Fragen zur Inspiration:

Wem könntest du in deinen privaten und beruflichen Beziehungen noch mehr die Hand reichen?

Wo könntest du anderen noch deutlicher zeigen, dass sie dir wichtig sind, indem du dich nach ihnen erkundigst und ihnen aufrichtig deine Hilfe anbietest?

Für welche Menschen oder ganze Menschengruppen könntest du noch mehr Verantwortung in Form von Spenden, Patenschaften oder Mentoring übernehmen?

Wie könntest du die Verbundenheit in deiner Nachbarschaft aktivieren oder stärken?

Wo erlebst du Unfrieden und Missverständnis? Wie könntest du zur Versöhnung beitragen?

In welchen deiner Beziehungen, Teams oder Netzwerke möchtest du dich für gemeinsame Visionen und Aktionen engagieren?

Human Spirit

Buckminster Fuller sagte sinngemäß:

Wir Menschen sind die Kapitäne des Raumschiffs Erde.

Zukunft entsteht nicht morgen und auch nicht durch einige wenige Auserwählte.

Die Zukunft der Menschheit wird heute gestaltet. Durch dich, durch mich, durch

uns alle. Wir alle weben mit unseren Gedanken und Taten am kollektiven Mythos

der Menschheit.

Dieses Lied widme ich dir. Ja, dir.

Denn es gibt keine Zufälle.
Du bist jetzt HIER.

Du bist nicht klein.
Du bist WICHTIG.

Du bist kein Fehler.
Du bist RICHTIG.

Hör auf zu warten, erhebe deine
Stimme.

Human spirit, human light,

our love is ending fear and fight,

and when we're leaving all barriers
behind,

human spirit shows its full light.

Entsag dem Zweifel und der Angst.

Atme durch und denke größer,

wer du bist und was du kannst.

Hoffe nicht auf den Erlöser.

Wie der Tag die Nacht erhellt,

sei du das Licht in dieser Welt.

Human spirit, human light,

our love is ending fear and fight,

and when we're leaving all barriers
behind,

human spirit shows its full light.

Unsere Zukunft wählen wir.

Nicht morgen, sondern jetzt und hier.

Stelle mit mir kühne Fragen.

Es braucht Mut, das Unmögliche
zu wagen.

Wenn du mich hörst, sind wir viele,

starkes Ich wird starkes Wir.

Human spirit, human light,

our love is ending fear and fight,

and when we're leaving all barriers
behind,

human spirit shows its full light.

Betrachtung

Habe ich dir schon gesagt, dass ich an dich glaube? Dass du wichtig bist? Und dass besonders dieses Lied meine Botschaft an dich ist? Man muss kein Pessimist sein, um zu ahnen, dass die letzten Jahre nur ein erster Stresstest für eine sicherheitsverwöhnte Generation und ein Vorgeschmack auf weitere, größere, miteinander verwobene Stapelkrisen waren. Wie werden wir als Menschheit daraus hervorgehen, und welche Rolle wirst du dabei spielen?

Die vorherrschenden Qualitäten unserer Zeit werden oft in dem Akronym VUCA zusammengefasst: volatile (extrem schwankend), uncertain (unsicher), complex (komplex) und ambiguous (mehrdeutig). Viele Menschen sind darauf nicht vorbereitet. Sie fühlen sich vom Chaos einfach nur bedroht. Wenn wir uns klein, unbedeutend und ohnmächtig erleben, reagieren wir mit Wut, Resignation und Fatalismus. Oder wir blenden aus, was passiert, und lenken uns ab. Es ist keine Kunst, von Licht und Liebe zu reden, wenn wir es warm und bequem haben.

Was wir jedoch nie vergessen dürfen: Eine Krise – egal wie groß – ist nie das Ende, sondern eine Weggabelung, die sich auf der Spirale der Entwicklung nach unten und oben öffnet. Eine Alternative ist, dass das existierende System zusammenbricht und auf eine weniger komplexe Stufe der Entwicklung zurückfällt. Doch es besteht auch die Möglichkeit, dass sich ein System transformiert und dann auf einem neuen Level an Bewusstheit und Beziehung wiedergeboren wird. Diese Entwicklungsschübe finden nicht irgendwo da draußen statt. Die neuen Lösungen werden in uns geboren, wenn wir uns dem Druck der Evolution mutig stellen. Es ist einfach, den Kopf in den Sand zu stecken und an der Sinnlosigkeit vieler aktueller Phänomene zu verzweifeln. Es erfordert Charakterstärke und eine bewusste Wahl, den Geist zu erheben und dem scheinbar Sinnlosen einen Sinn zu geben. Gerade wenn im Außen dunkle Wolken aufziehen, brauchen wir Menschen, die besonnen bleiben und sich auf ihr inneres Licht, ihren *Human Spirit*, konzentrieren. Wir brauchen Menschen, die nicht auf ein Wunder oder den Erlöser hoffen, sondern verstehen, dass dies *ihre* Zeit, *ihr* Ruf ist. Wir brauchen Menschen, die sich auf eine natürliche Weise wichtig nehmen, weil sie verstehen, dass wir alle das Zünglein an der Waage sein können – und die deshalb nichts zurückhalten, sondern alles, was sie haben und sind, *jetzt* einbringen. Wir brauchen Menschen, die nicht blind auf die Umstände reagieren und so immer wieder nur Wiederholungen der Vergangenheit erschaffen, wir brauchen Menschen, deren Geist wach und kühn den Raum der Möglichkeiten dehnt und mit Intention eine neue Zukunft wählt.

Hast du dich je gefragt, ob es ein Zufall ist, dass du gerade jetzt lebst? Hast du dich je gefragt, was das alles mit dir zu tun hat? Was, wenn weder dein Hiersein noch all diese Turbulenzen Fehler sind, sondern ein Ausdruck einer höheren Ordnung, die wir nur noch nicht verstehen? Vielleicht hast du dich in deiner Einzigartigkeit noch nicht genug bejaht. Vielleicht hast du das ganze Weltendrama noch nicht persönlich genug genommen. Vielleicht bist du in diesem Spiel wichtiger, als du denkst. Es mag unmöglich erscheinen, dass du die ganze Welt rettest. Doch was, wenn es darum gar nicht geht? Was, wenn du zu dieser heißen Zeit in diesem verrückten Schmelztiegel gelandet bist, um *dich* zu retten?

Nicht indem du deinen Arsch in Sicherheit bringst, sondern indem du dich mitten in der Hitze des Gefechts daran erinnerst, wer du wirklich bist. Was, wenn all die Krisen und Kriege der Appell dieser universellen Lernumgebung an dich sind: »Wach auf! Das ist *dein* Traum.«

Es ist Zeit, dass du größer darüber denkst, wer du bist, was du kannst und was du der Welt zu geben hast. Starr nicht gelangweilt oder gelähmt auf die äußere Welt. Schließe deine Augen und schau nach innen.

Finde das Licht in dir und dann teile es mit der Welt durch das Prisma deiner individuellen Seelenfarben. Sei ein Leuchtturm der Klarheit, der Freundlichkeit und Würde, sodass andere, wenn sie dir begegnen, ebenfalls mitten im kollektiven Traum erwachen und sich an ihr Licht erinnern können.

Fragen für dich

Angenommen, du würdest heute aus zuverlässiger Quelle erfahren, dass die Zukunft der Menschheit von dir abhängt. Welche Gefühle und Gedanken würde dies in dir auslösen?

Angenommen, du würdest diese Verantwortung annehmen. Wie würde sich dies auf deine innere Haltung und dein tägliches Verhalten auswirken?

Und angenommen, es würde eine Quelle der Schöpfung – nennen wir sie Gott – geben. Stell dir vor, du wärst dieser Gott und würdest nach langer Zeit einen Abstecher auf unseren Planeten machen, um zu sehen, wie sich die Menschheit entwickelt hat. Was würde dich amüsieren? Was würde dich frustrieren? Was würde dich erfreuen? Woran würdest du festmachen, ob es sich lohnt, das Experiment Menschheit fortzuführen?

Wo hältst du dein Licht zurück?

Selbst der Kleinste vermag den Lauf des Schicksals zu verändern.

Galadriel in *Der Herr der Ringe*

Experiment: Schreibe das Drehbuch unserer Zukunft

Unser Gehirn verfügt über zwei bemerkenswerte Gaben. Es kann zum einen Probleme lösen, die ihm vorgesetzt werden. Doch die zweite Gabe ist noch viel erstaunlicher: Wir sind in der Lage, Welten zu erträumen, die so noch nicht existieren, und sie dann möglich zu machen. Wir sind – wenn wir diese Gabe bewusst aktivieren – Schöpfer*innen.

Stell dir nun all die acht Milliarden menschlichen Geister vor, vereint durch Kommunikation auf vielen Ebenen zu einem großen Ganzen. Wir alle sind quasi eine Nervenzelle, miteinander vereint im großen, kollektiven Gehirn der Menschheit. Ist dir aufgefallen, dass wenige politische und wirtschaftliche Führer*innen derzeit eine echte, für uns alle attraktive Vision für die Menschheit zu haben scheinen? Es scheint, als wären alle damit beschäftigt, Feuer zu löschen und auf vorherrschende Probleme zu reagieren. Unser kollektives Gehirn befindet sich wohl eher im Problemlösungs- statt im Schöpfungsmodus.

Wie wäre es, wenn du kreative Verantwortung für deinen geistigen Part übernimmst und eine gute Vision ins kollektive Bewusstsein einspeist? Stell dir vor, dies ist nicht das Ende der Menschheit, sondern der Anfang. Die pubertierende Menschheit wird langsam erwachsen. Wenn alles möglich wäre, wie stellst du dir eine gute Vision für dich und uns alle, auch für die kommenden Generationen, vor? Du findest in unserer App »homodea Meditationen« die Meditation »Sprich mit deiner Zukunft«. Sie lädt dich dazu ein, eine Vision der bestmöglichen Zukunft zu empfangen und hierher in die Gegenwart zu bringen. Hör sie dir gern an und schreib gedanklich das Drehbuch für unsere Zukunft. Beginne anschließend, mit anderen wachen Menschen darüber zu kommunizieren. Speise deine Vision in das große Netzwerk ein.

Zeit, aufzuwachen

Die Mystiker*innen aller Zeiten nannten es den großen Schlaf. Wenn menschliches Bewusstsein auf der Erde inkarniert, wird es durch Eltern, Lehrer*innen und Gesellschaft schnell und tiefgreifend in den Traum eingeführt, den das Kollektiv träumt.

Viele folgen ihr ganzes Leben den Regeln dieses Traumes, ohne sie je zu hinterfragen. Sie existieren, aber sie leben nicht. Ihr Körper ist wach, aber ihr Geist traumwandelt. Aufwachen ist ein Prozess vieler kleiner und großer Momente des Hinterfragens und der Stille, in denen der Traum Risse bekommt und das Licht unermesslicher Weite und ungeahnter Möglichkeiten in unser Bewusstsein lässt.

Es ist dein Geburtsrecht, mitten im Traum zu erwachen, doch es erfordert große Entschlossenheit und Mut.

Es ist Zeit, aufzuwachen,

aufzustehen und klarzumachen,

wofür ich stehe und wofür nicht.

Kopf voller Träume und mit Dreck
im Gesicht

ist es Zeit, alle Kriege zu beenden,

und Zeit, dafür Zeit zu verschwenden.

Es ist Zeit, ich habe einen Traum:

Menschen *können* Brücken bauen.

Wir gehen auf die Knie voller Demut,

wir fühlen unsere Angst, fühlen
unsere Wut.

Es ist Zeit, endlich hinzuschauen

und uns noch viel, viel mehr zuzutrauen.

Wir ziehen das Schwert der Wahrheit,

nicht um zu zerstören, sondern für
die Klarheit,

der Intoleranz entgegenzutreten,

Nein zu sagen mit jedem Gebet.

Wir haben die Chance, über uns
hinauszuwachsen.

Es ist Zeit, aufzuwachen.

It's time to wake up,

to embrace our true nature.

It's time to rearrange us,

to be true to who we are,

and this holy work of art.

It's time to wake up,

to embrace our true nature.

Es ist Zeit, endlich aufzuwachen.

It's time to wake up.

Es ist Zeit

to rearrange us.

Wir haben es in der Hand.

Kopf mit Herz, kluger Verstand.

Die Zukunft der Menschheit

entscheiden nicht andere, sondern wir.

Nicht irgendwo da draußen,

sondern ganz genau hier.

Wegsehen ist keine Option!

So billig kommen wir schon lange
nicht mehr davon.

Es ist Zeit, jetzt zu handeln und jetzt
zu verstehen,

wir können nicht mehr zurückrudern,

denn hinter uns ist kein Land mehr
zu sehen.

Wir können nur besser werden,
oder wir werden abfucken.

Es ist Zeit, aufzuwachen.

It's time to wake up.

Es ist Zeit ...

to embrace our ...

Es ist Zeit ...

true nature.

It's time to rearrange us,

to be true to who we are,

and this holy work of art.

Es ist Zeit ...

It's time to wake up,

to embrace our true nature.

Es ist Zeit für Tropfen auf den heißen Stein ...

to embrace our true nature ...

Viele Tropfen werden Regen sein.

Es ist Zeit zu verstehen, Toleranz gegen-über Intoleranz ist Teil des Problems.

It's time to wake up ...

Es ist Zeit ...

Let's embrace our true nature.

Betrachtung

Ist es nicht erstaunlich, dass in unseren Schulen so viel über Mathematik, Literatur oder Chemie gelehrt wird und so wenig über Bewusstsein? All diese Fächer sind ohne Zweifel wichtig, doch wäre es nicht viel wesentlicher, der Frage nachzugehen: Was ist die Quelle all dieser geistigen Errungenschaften? Wer oder was denkt sich das alles aus?

Bis heute gibt es keine allgemeingültige Definition von Bewusstsein. Wir wissen nicht wirklich, was es ist und wie es entsteht. Wir wissen, dass wir es bis zu einem gewissen Grad haben und dass damit bestimmte Fähigkeiten verbunden sind – etwa Wahrnehmung, die Interpretation des Wahrgenommenen oder die Gabe, Fragen zu formulieren und Antworten darauf zu empfangen. Da wir unser Bewusstsein als etwas so Selbstverständliches nehmen, erforschen wir es so wenig. Wir konzentrieren uns auf die materielle Welt und verlieren uns in ihr. Und weil wir so wenig über Bewusstsein wissen, fehlt es uns an Respekt dafür. Nur so ist zu erklären, dass wir unseren Geist mit Fake News, Medien, sinnentleerten Konversationen und toxischen Selbstgesprächen gedankenlos vergiften. Wir sedieren uns mit Drogen, Alkohol und Netflix-Serien. Der überwiegende Teil der Menschheit unternimmt nichts, um sein Bewusstsein im Laufe des Lebens kontinuierlich zu erweitern.

Unser begrenztes Wissen über die Tiefen unseres Geistes ist auch der Nährboden für das, was Ken Wilber die westliche Flachlandspiritualität nannte. Hier wird gern salopp und inflationär mit Begriffen wie Aufstieg, Transformation oder Erleuchtung um sich geworfen. Es existiert der Mythos, Erwachen wäre ein einmaliger Moment, vergleichbar mit dem Anknipsen eines Lichtschalters oder dem Schlucken der roten Pille im Film *Matrix*. Einmal erwacht, hast du es dann für alle Zeiten gecheckt. Du gehörst nun zum Kreis der Auserwählten, die wissen, was wahr und falsch ist. Du brauchst dich jetzt auch nicht mehr in der Welt der Formen zu engagieren, denn das ist ja alles eine Illusion. Ich schreibe dies so deutlich, weil ich nicht möchte, dass das Lied *Zeit, aufzuwachen* falsch interpretiert wird.

Für mich ist Aufwachen kein einmaliger Moment, sondern ein fortwährender Prozess der Bewusstseinserweiterung, der durchaus auch mal erleuchtende Peak-Erfahrungen beinhalten kann (die alle wieder vergehen werden). Es ist aber eben auch ein Weg und ein heiliger Kampf, nicht wieder einzuschlafen. Wer sich auf diesen Weg begibt, weil es cool klingt, sollte vorher das Kleingedruckte lesen. Bewusstseinserweiterung ist das Gegenteil der rosaroten Blase tröstender Affirmationen, von der sich viele gern einlullen lassen. Dieser Weg zwingt all unser Wissen in die Knie und wird jede Blase des Rechthabens platzen lassen. Aufwachen hat kein Ende, und es ist nicht nur eine Reise ins Licht. Du darfst auch deinem Schatten begegnen, und – kleine Vorwarnung – je bewusster du bist, desto mehr wird es wehtun. Bewusstseinserweiterung macht dich nicht gut, sondern ganz. Sie löst das Dunkle nicht auf, sondern integriert es. Sie schließt die Welt nicht aus, sondern dehnt dein Herz, bis die gesamte Welt darin Platz findet. Vielleicht ist es jetzt nicht mehr dein Schmerz, sondern der Urschmerz aller Menschen, den du fühlen darfst.

Fabian und ich haben dieses Lied konzipiert, als der Krieg in der Ukraine begann. Es war für mich schwer zu ertragen, wie sich viele Menschen hinter der Idee von Toleranz versteckten. Der Philosoph Karl Popper nannte es Toleranz-Paradox: Wenn Toleranz intoleranten Kräften erlaubt, sich auszutoben, ist sie nicht mehr tolerant, sondern fördert die Intoleranz. Aufzuwachen heißt nicht, keine Position zu beziehen. Erst durch eine klare Position für bestimmte Werte entsteht die notwendige Reibung für unsere eigene Entwicklung und die unseres Gegenübers. In dem Sinne wünsche ich uns allen frohes Erwachen.

Fragen für dich

Ist dir bewusst, dass wir alle jeden Tag etwa 70 000 Gedanken produzieren und dass bei den meisten Menschen mindestens 90 Prozent davon Wiederholungen sind? Wie ist es bei dir? Wann hast du das letzte Mal einen wirklich überraschend neuen Gedanken gehabt?

An welchen Grundannahmen über die Welt und deine Mitmenschen leidest du manchmal? Und hast du diese Überzeugungen je infrage gestellt?

Wo und wie lässt du zu, dass dein Bewusstsein zugemüllt wird?

Wie reinigst und erweiterst du dein Bewusstsein täglich?

Wo und wie lässt du zu, dass Ungerechtigkeit in der Welt geschieht? Aus welchem Grund engagierst du dich nicht mehr?

Der Spielmeister sprach: »Mach dir noch einmal die wichtigste Regel des Spieles bewusst: Sobald du den Gang des Vergessens durchschritten hast, wirst du nicht mehr wissen, dass es ein Spiel ist. Du wirst dich an unser Gespräch nicht mehr erinnern. Alles, was du träumst, wird dir total echt erscheinen. Du wirst suchen, leiden und kämpfen, als gäbe es nichts außer diesem Traum.«

Die junge Seele fragte nachdenklich: »Aber was ist, wenn ich mich nie wieder erinnere?«

»Wir haben diese Gefahr im Spiel bedacht. Wenn du dich zu sehr im Traum verlierst, schicken wir dir zwei Boten.«

»Welche sind das?«

»Zuerst senden wir dir Sehnsucht. Du wirst fühlen, dass dich der Traum nicht erfüllt. Dass etwas Entscheidendes fehlt. Wenn du die Sehnsucht nicht annimmst, sondern dich betäubst, senden wir dir den zweiten Boten – ein Problem.«

»Was ist ein Problem?«

»Ein Problem ist ein Ereignis, das du nicht ignorieren kannst und das dein Spiel zum Stolpern bringt. Du wirst an deinem Problem leiden. Doch in Wahrheit ist es ein Geschenk, genau wie deine Sehnsucht. Das wirst du erkennen, wenn du das Problem und die Sehnsucht mit deinem Geist und deinem Herzen umarmst. Dann verwandeln sie sich in eine Anleitung zur Befreiung aus dem Traum.«

»Dann ist mein Erwachen also gewiss?«

»Ja, und jetzt geh!«

Veit Lindau, *No Prblem!*

Experiment: Erwache

Wenn dich die Möglichkeit des Erwachens berührt, kommen hier zwei einfache und zugleich wirkungsvolle Wege, um den Prozess deines Erwachens zu beschleunigen.

Dehne dein Herz und deinen Geist

Dieses Experiment ist radikal, und sie funktioniert nur, wenn du aufrichtig bereit bist. Frage dich: Was halte ich noch draußen? Was darf noch nicht in mein Herz? Vielleicht sind es bestimmte Menschen, vielleicht ist es ein spezielles Ereignis oder sind es allgemeine Aspekte des Lebens auf der Erde.

Wenn du etwas gefunden hast, frage dich: Bin ich bereit, auch das in mein Herz zu lassen?

Wenn du dafür ein Ja spürst, frage dich weiter: Welche Überzeugung müsste ich dafür infrage stellen? Bin ich bereit dazu? Und was müsste ich fühlen, um diese Sache oder diesen Menschen in mein Herz zu lassen? Ist es Schmerz? Ist es Mitgefühl? Oder etwas anderes? Bin ich dazu bereit?

Dann schließe deine Augen und stell dir vor, wie du diese Sache oder diesen Menschen in dein Herz nimmst.

Dein Gebet für Erwachen

Wie auch immer du sie nennst (Gott, Leben, Liebe ...), stell dir vor, es gibt eine Quelle unermesslich schöpferischer Intelligenz, die alles, die Welt, deine Mitmenschen und dich, erschaffen hat. Du hast das Recht, dich an diese Quelle zu wenden. Bitte, am besten schriftlich, dir alles zu senden, was du brauchst, um zu erwachen. Sieh alles, was in den kommenden Tagen und Wochen passiert, als Antwort auf dein Gebet. Wie verändert sich dadurch deine Haltung den Ereignissen gegenüber?

Seelengevögelt

Paradoxerweise können wir die innersten Geheimnisse des Universums nur erkennen, wenn wir so mutig sind, all unser Wissen abzulegen und ihm unmittelbar und staunend zu begegnen.

Das bedeutet nicht, wissenschaftliche Erkenntnisse, moralische Regeln oder philosophische Konzepte zu ignorieren. Sie bieten uns Landkarten der Orientierung in einer unbegrenzten, multidimensionalen Welt.

Doch wenn du die Sehnsucht verspürst, dem großen Mysterium selbst direkt zu begegnen, musst du sie hin und wieder ablegen. Denn alles, was du in Worten und Zahlen festhalten kannst, steht zwischen dir und dem Vollkontakt mit der Existenz.

Veit Lindau, *Seelengevögelt*

Kopfsprung

wie in 'nen Mahlstrom,

auf und davon,

kommst mit dem Leben davon.

Sehnsucht erregt,

völlig verrückt,

Wut, Schweiß und Tränen.

Du fühlst dich völlig zerlegt.

Alles auf dem Tisch,

der ganze Scheiß.

Du schreist dir wie verrückt

deine Seele aus dem Leib.

Du stirbst tausend Tode,

weil du leben willst.

Wie neugeboren,

und alles wird still.

Denn du fühlst jede Zelle in dir beben,

jede Zelle in dir leben,

ihren Platz einnehmen.

Und du fühlst jede Zelle in dir lachen,

jede Zelle erwachen

und keinen Moment mehr verpassen.

Und du fühlst jede Zelle in dir zittern,

so, als würde sie wittern,

gleich kommt das große Gewitter.

Und du fühlst jede Zelle in dir vibrier'n,

weil sie kurz davor ist zu explodier'n.

Durch deine Hölle gegangen,

von Anfang an.

Wie im völligen Chaos,

alles nach Plan.

Fühlst dich auseinandergerissen

und Stück für Stück

wieder zusammengesetzt,

das Beste jetzt.

Du liegst am Boden,

richtest dich auf,

richtest dich aus,

willst höher hinaus.

Auf den Berg deiner Seele

und in dich hinein.

Die Existenz ist mit dir, du bist nie
allein.

Und du fühlst, wie jede Zelle in dir bebt,

jede Zelle in dir lebt,

ihren Platz einnimmt.

Und du fühlst, wie jede Zelle in dir
lacht,

jede Zelle erwacht,

keinen Moment mehr verpasst.

Und du fühlst jede Zelle in dir zittern

so, als würde sie wittern,

gleich kommt das große Gewitter.

Und du fühlst, wie jede Zelle in dir
vibriert,

weil du kurz davor bist zu explodieren.

Betrachtung

Ich bin überzeugt davon, dass wir uns alle bewusst oder unbewusst nach der Erfahrung sehnen, die ich mit *seelengevögelt* umschreibe – der direkten Vereinigung mit dem Leben, jenseits aller Konzepte. Die meisten von uns sind kleine existenzielle Schisser*innen. Wir lieben die Illusion der Kontrolle. Wir halten sie durch antrainierte Rollen, schlaue Konzepte und emsiges Tun aufrecht. Wir *wissen scheinbar* viel. Aber wir staunen zu wenig. Staunen ist unsere Fähigkeit, dem gegenwärtigen Moment mit einem unschuldigen, neugierigen, vorurteilsfreien Anfängergeist zu begegnen und ihn so ungefiltert zu erfahren. Du erfährst in so einem Augenblick keine Trennung mehr zwischen dir und dem Leben. Auch wenn du nicht an Gott glaubst, kann dies eine zutiefst heilsame, mystische Erfahrung sein, die eine uralte Sehnsucht in dir stillt. Du bist in solchen Momenten zu Hause, eins mit allem.

Seelengevögelt lautet auch der Titel meines ersten Buches. Zartbesaitete Leser*innen fragten mich damals: »Muss der Titel so grob sein? Kann es nicht zum Beispiel *Seelengeküsst* heißen?« Die Wahrheit ist, dass der Vollkontakt mit dem Universum nicht nur kuschelig passiert. Manchmal sind es gerade die Katastrophen und Verluste, die unsere Konzepte zerschmettern und uns in eine Vollumarmung mit der Existenz werfen. Paradoxerweise sind wir gerade auch in diesen dunklen Stunden dem Geheimnis des Lebens so nah. Wir finden den Höhepunkt unserer Hingabe in den Tiefpunkten unserer Verzweiflung, dem Feuer unseres Zorns, der Dunkelheit unserer Trauer genauso wie in der Süße eines Kusses oder auf dem Gipfel eines Sieges. Erst wenn wir bereit sind, dem Licht und dem Schatten vorbehaltlos gegenüberzutreten, werden wir das Leben wirklich verstehen. Nicht theoretisch, sondern seelengevögelt.

Fragen für dich

Was löst der Gedanke in dir aus, dass wahrscheinlich mindestens die Hälfte deines Wissens falsch ist und dass du nur sehr, sehr wenig überhaupt weißt?

Was waren die bisher drei intensivsten Momente deines Lebens? Kannst du dich noch erinnern, was du in ihnen gefühlt und erkannt hast?

Hast du schon einmal einen Moment völliger Hingabe erfahren? Wenn ja, wie war das? Wenn nein, wünschst du ihn dir?

Wo und wie versuchst du, dein Leben zu kontrollieren? Fühlt sich das manchmal anstrengend an? Würdest du gern mehr loslassen? Wenn ja, was hindert dich daran?

Wir sind Sterne, in Haut gehüllt.

Das Licht, das du suchst, war immer im Inneren.

Rumi

Experiment: Tanze mit deiner Seele

Einer der schönsten Wege, *seelengevögelt* zu sein, ist der Trance-Tanz. Im Gegensatz zu klassischen Tänzen oder dem Tanzen in einem Club geht es hier nicht um den Kontakt mit dem Außen, sondern um eine Reise nach innen. Ich lege es dir sehr ans Herz, es einmal auszuprobieren.

Wähle einen Ort und eine Zeit, in der du ganz sicher nicht gestört wirst. Überlege dir, ob du eher eine wilde oder eine zarte Erfahrung machen möchtest. Danach suchst du dir eine Musikliste mit einer Dauer von 30 bis 60 Minuten aus. Ich empfehle dir, Stücke ohne oder mit nur wenigen Worten zu wählen. Das lenkt sonst nur ab. Trommeln, Techno oder erotische Beats eignen sich gut. Bevor du startest, formuliere eine Absicht. Das kann ein Gebet, ein Wunsch oder eine Frage sein. Setze dich für etwa fünf Minuten still auf den Boden und konzentriere dich auf deine Absicht.

Schalte dann die Musik ein. Um bei dir zu bleiben, setze eine Augenbinde auf. Das mag sich zu Beginn seltsam anfühlen, ist aber sehr effektiv. Atme in den ersten Minuten intensiver und tiefer. Denke noch ein paarmal an deine Intention und dann lass los. Vertraue dich dem Rhythmus an. Erlaube deinem Körper, sich frei zu bewegen, und erlaube deiner Seele zu fliegen. Nimm dir am Ende mindestens 15 Minuten Zeit, um deine Erfahrung nachschwingen zu lassen.

Falls dir der Trance-Tanz (noch) nicht liegt, findest du in unserer App »homodea Meditationen« aktive Meditationen wie »Dein wahres Selbst« oder »Dein Herz«, die ebenfalls eine intensive und ekstatische Möglichkeit darstellen, um dir selbst zu begegnen.

Jetzt

Alles, woran du leidest,

braucht dafür dein Denken an die Vergangenheit oder deine Zukunft.

Alles, wonach du dich sehnst,

wartet hier, in der Gegenwart, auf dich.

Komm hierher, in diesen Moment,

und du bist frei.

Jetzt ist alles, was ich hab.

Jetzt ist nichts, wo ich schon war.

Jetzt hat es in meinem Leben

genau bis jetzt noch nie gegeben.

Jetzt ist hier und jetzt ist jetzt.

Dieser Moment ist nicht zuletzt

die Chance meines Lebens,

kann ich nur jetzt erleben.

Wenn die Sonne ins Meer fällt

und das Wasser golden scheint,

wenn die Gedanken schweigen,

hält die Welt den Atem an.

Wenn der Regen das Licht biegt,

Luft einfach nach Luft riecht,

wir auf den Straßen tanzen,

hält die Welt den Atem an.

Jetzt ist alles, was ich hab.

Jetzt ist nichts, wo ich schon war.

Jetzt hat es in meinem Leben genau

bis jetzt noch nie gegeben.

Jetzt ist hier und jetzt ist jetzt.

Dieser Moment ist nicht zuletzt

die Chance meines Lebens,

kann ich nur jetzt erleben.

Wenn du weinst und nach Luft ringst

und das Leben auf ex trinkst,

du die Ordnung im Chaos erkennst,

hält die Welt den Atem an.

Wenn deine Augen leuchten

und Geister verscheuchen,

wenn aus uns eins wird,

hält die Welt den Atem an.

Jetzt ist alles, was ich hab.

Jetzt ist nichts, wo ich schon war.

Jetzt hat es in meinem Leben

genau bis jetzt noch nie gegeben.

Jetzt ist hier und jetzt ist jetzt.

Dieser Moment ist nicht zuletzt

die Chance meines Lebens,

kann ich nur jetzt erleben.

Betrachtung

Ist dir schon einmal aufgefallen, dass für die meisten Menschen die Zeit immer schneller vergeht, je älter sie werden? Geht es dir auch so? Die Zeitforschung hat dafür eine interessante Erklärung. Die Zeit läuft nicht wirklich schneller. Wir erleben nur immer weniger Momente bewusst. Wenn wir etwas zum ersten Mal erleben, begegnet unser Gehirn diesem Phänomen mit höchster Achtsamkeit. All unsere Sinne sind aktiviert. Wir erfahren den Moment intensiv und *erfüllen* ihn. Darum bleibt er uns in Erinnerung. Sobald wir glauben, etwas ausreichend zu kennen, schaltet unser Gehirn hingegen auf Autopilot. Es setzt nun nur noch ein Mindestmaß an Energie ein und behandelt die Sache eher nebenbei. Wir fahren nur halb bewusst Auto. Wir beißen abgelenkt in den Apfel. Wir sprechen unaufmerksam mit unseren Liebsten. So schlittert unser Bewusstsein oberflächlich über diesen Augenblick hinweg. Uns entgehen seine tieferen Aspekte und die darin verborgenen Lektionen. Es ist, als ob du von einer Torte mit Dutzenden, faszinierend unterschiedlich schmeckenden Schichten nur die oberste abkratzt. Zurück bleibt ein unbewusstes Gefühl, etwas verpasst zu haben.

Je weniger Augenblicke wir tatsächlich in der Gegenwart erleben, desto unerfüllter werden wir uns fühlen. Ein rastloser Hunger treibt uns noch mehr in eine imaginäre Zukunft, in der alles besser sein wird, oder bindet uns an vergangene Erinnerungen, in denen scheinbar alles besser war. Der tragikomische Witz ist: Du wirst diese Zukunft deiner Fantasie nie erreichen, denn wenn sie da ist, wird es die Gegenwart sein. Und in der lebst du jetzt gerade auch. Und deine Vergangenheit? Nun, aufgewacht! Sie ist vorbei. Sie kommt nie wieder. Das so einfache und offensichtliche Geheimnis eines langen und erfüllten Lebens lautet: Jetzt ist alles, was du hast. Also komm, dir zuliebe, hierher. Dein Leben wartet hier auf dich. Jetzt ist alles, was du hast.

Fragen für dich

Denke an deinen Alltag: Wie viel Prozent deiner Zeit verbringst du in Erinnerungen an deine Vergangenheit? Wie viel Prozent deiner Zeit verbringst du mit Gedanken an deine Zukunft? Und wie viel Prozent deiner Zeit bist du wirklich bewusst hier?

Wenn du das nächste Mal an etwas leidest, untersuche einmal genau: Kannst du dieses Leid aufrechterhalten, wenn du mit deiner Wahrnehmung in der Gegenwart bleibst? Oder musst du dafür über deine Vergangenheit oder deine Zukunft nachdenken?

Wann bist du das letzte Mal mit all deinen Sinnen voll in der Gegenwart aufgegangen?

Hast du dich schon einmal mit den vielen positiven Aspekten der Achtsamkeit beschäftigt? Wenn ja, wie trainierst du sie?

Wenn du manchmal ungeplant etwas Leerlauf hast, etwa beim Warten auf den Bus oder in einer Schlange, was machst du dann? Genießt du den Moment, oder lenkst du dich ab?

Zeit ist überhaupt nicht kostbar, denn sie ist eine Illusion. Was dir so kostbar erscheint, ist nicht die Zeit, sondern der einzige Punkt, der außerhalb der Zeit liegt: das Jetzt. Das allerdings ist kostbar. Je mehr du dich auf die Zeit konzentrierst, auf Vergangenheit und Zukunft, desto mehr verpasst du das Jetzt, das Kostbarste, was es gibt.

Eckhart Tolle, *Jetzt! Die Kraft der Gegenwart*

Experiment: Bring die Blumen zum Lächeln

Eine der besten Methoden, Gegenwärtigkeit zu trainieren, ist sicher Meditation. Doch vielen fällt es anfangs schwer zu meditieren, oder sie glauben, sie hätten nicht die Zeit dazu. Deshalb empfehle ich gern die »Bring die Blumen zum Lächeln«-Gehmeditation. Dafür brauchst du keine extra Zeit, denn irgendwelche Wege, sei es zur Arbeit oder zum Einkaufen, müssen wir alle gehen. Bei deinem nächsten Gang probiere Folgendes aus: Stell dir vor, du bist ein Engel in Menschengestalt und du weilst hier, um alle Wesen mit deinem Licht zu segnen. Renne nicht einfach deinen Weg entlang, sondern setze jeden Schritt ganz bewusst. Fühle den Kontakt zwischen deinen Füßen und dem Boden. Stell dir vor, du segnest mit jedem Schritt den gesamten Planeten. Sende auch den Menschen, die dir entgegenkommen, dein Licht, indem du sie freundlich anlächelst und dabei denkst: »Mögest du glücklich sein.« Laufe sanft und bewusst. Stell dir vor, du strahlst so viel Frieden und Güte aus, dass sich selbst die Blumen am Wegesrand dir zuneigen und lächeln.

Zu Beginn wirst du diese Bewusstheit vielleicht nur einige Meter aufrechterhalten können, bevor dein Verstand wieder in irgendwelche Grübeleien abdriftet. Wenn du dich dabei ertappst, werde nicht ungeduldig. Jeder Meter zählt. Segne dich selbst, sage dir: »He, [dein Name], mögest du glücklich sein!«, und setze den nächsten Schritt wieder präsent.

Achte einmal darauf, wie du dich währenddessen fühlst und ob du erfüllter an deinem Ziel ankommst.

Und wer weiß, vielleicht bist du ja ein Engel und hast es nur noch nicht bemerkt ...

Tanz

Ja, das Leben erscheint manchmal hochkomplex und präsentiert uns gewaltige Herausforderungen. Doch es mit verbissener Ernsthaftigkeit anzugehen, lässt uns nur noch mehr verkrampfen und noch weniger verstehen.

Humor und Tanz sind die beste Art, die scheinbaren Widersprüche des Lebens intuitiv zu verstehen und sogar zu genießen.

Erhebe deinen Geist.

Lache und tanze, auch oder gerade in den dunklen Zeiten.

Du bist ambivalent, du bist
nicht normal.

Bist wütend, krass und phänomenal.

Mal staubig und dreckig, kantig
und eckig,

winzig klein und doch kolossal.

Wertvoll und mit Werten voll,

mit Sex, Drugs und Rock 'n' Roll.

Ziemlich klug und doch so idiotisch,

manchmal finster und neurotisch.

Ist das ein Grund zum Feiern? Klar!

Das Leben ist zum Feiern da!

Das Leben ist 'ne Party,

auch wenn's nicht immer Süßes gibt,

Raketen und Pompons,

Champagner und Fanfarenmusik.

Gib alles, was du kannst,

und auf alle Fälle tanz,

und auf alle Fälle tanz!

Deine Fehler, deine Wunden,

helle Tage, dunkle Stunden

verdienen, dass du sie verstehst

und trotzdem lachend durch
dein Leben gehst.

Es tut grad nichts weh, die Sonne
scheint.

Könnt es noch schöner sein?

Spreng deine Ketten und lass los.

Feiere selbst das Kleinste riesengroß.

Weine lachend und sing still,

weil dein Hiersein hier sein will.

Das Leben ist 'ne Party,

auch wenn's nicht immer Süßes gibt,

Raketen und Pompons,

Champagner und Fanfarenmusik.

Gib alles, was du kannst,

und auf alle Fälle tanz!

Das Leben ist 'ne Party,

auch wenn's nicht immer Süßes gibt,

Raketen und Pompons,

Champagner und Fanfarenmusik.

Gib alles, was du kannst,

und auf alle Fälle tanz!

Und auf alle Fälle tanz!

Betrachtung

Das Lied *Tanz* ist für mich persönlich kostbare Medizin. Ich habe nämlich selbst lange geglaubt, dass man das Leben am besten versteht und meistert, wenn man es sehr, sehr ernst nimmt – bis hin zur Verbissenheit. Ich war wohl das, was man einen Partyschreck nennt. Mein innerer Existenzialist zog sich bei jeder Feier in eine dunkle Ecke zurück, um das oberflächliche Treiben verächtlich zu betrachten. Der Perfektionist in mir wusste immer genau, warum der Moment gerade jetzt nicht gut genug war, um ihn zu feiern. Und der Antreiber flüsterte mir zu: »Erst noch mehr Arbeit, dann das Vergnügen!« Man kann sich vorstellen, wie viel Spaß die Leute mit mir hatten. Irgendwann musste ich mir eingestehen, dass diese Einstellung meine unbewusste Grundhaltung geworden war und dass ich dem gesamten Dasein mit dieser angestrengten Attitüde begegnete. Bis ich realisierte, dass es diesen perfekten Moment des Feierns und Loslassens nie geben wird. Denn Perfektion ist eine Illusion des menschlichen Verstandes, der sich anmaßt, die Richtlinien für den Kosmos festzulegen.

Wo kommt dieser Stress her? Sicher entspringt er zum Teil dem wahnhaften Motto unserer Leistungsgesellschaft: »Höher, weiter, schneller, besser!« Doch auch die großen monotheistischen Religionen haben uns eingetrichtert, die Erde eher als ein Jammertal zu betrachten, und uns mit dem Versprechen auf ein späteres Paradies zu Rigidität und Strenge motiviert. Ein raffinierter Schachzug, denn wer setzt sich am Sonntagmorgen schon auf eine harte Kirchenbank, wenn er entdeckt, dass er dem Mysterium des Lebens im Tanz viel persönlicher und lustvoller nahekommen kann?

Natürlich können wir uns mit Partys auch sinnlos wegballern. Doch nichts hebelt unser urteilendes Ego so elegant aus, nichts verbindet uns so direkt mit dem Geheimnis des Lebens wie ein wilder Tanz oder ein guter Witz.

Vielleicht gibt es auch in dir eine trockene Stimme der Vernunft, die dich in traurigen, ratlosen, wütenden Augenblicken ermahnt: »Du kannst jetzt auf gar keinen Fall lachen oder tanzen!« Wenn sie das nächste Mal mit dir spricht, frag einfach mal zurück: »Warum eigentlich nicht???«, leg das Lied auf und tanze. Schau, was passiert.

Wir wurden darauf konditioniert, in bestimmten Situationen auf eine bestimmte Weise zu fühlen und zu reagieren. Doch das ist nicht die einzig wahre Art. Im Tanz passiert etwas Interessantes. Wenn wir den Körper loslassen, lockern sich auch unsere Urteile über Richtig und Falsch. Der Teil in uns, der Bescheid weiß, verliert die Kontrolle. In der Hingabe an den Rhythmus offenbart sich uns auf einer intuitiven Ebene die nicht logische, unerklärliche, aber erfahrbare Vollkommenheit des Universums. Wir transzendieren im Tanz Gut und Böse, Licht und Finsternis, Makellosigkeit und Fehler. Unser angestrengter, dual operierender Verstand wird diese Dimension nie erfassen. Er wird immer über das nächste »Ja, aber ...« stolpern. Doch wenn du es satthast, in den alten, langweiligen Gefühls- und Verhaltensmustern deines Egos auszuharren, und wenn du nach einem Turbobooster für deine Transformation suchst, dann tanz öfter. Und zwar besonders dann, wenn es (scheinbar) keinen Grund zum Tanzen gibt.

Fragen für dich

Denke an all die Situationen, in denen du emotionales Drama erfährst, seien es Enttäuschungen, Streits, Traurigkeit oder Beerdigungen. Was löst der Gedanke in dir aus, das nächste Mal in diesen Situationen die Musik anzumachen und zu tanzen?

Hast du auch einen inneren Perfektionisten und/oder eine Antreiberin? Wo und wie treiben sie dich an? Wo und wie versauen sie dir die Freude am Leben? Gib ihnen einen Namen und rufe ihnen öfter mal ein herzhaftes »Fuck you!« zu.

Welche Eigenschaft an dir empfindest du als einen Makel? Was, wenn du wüsstest, dass diese Eigenschaft nie verschwinden wird? Musst du dann für den Rest deines Lebens leiden oder lernst du, mit dieser Eigenschaft zu tanzen? Worin könnte der Wert deiner Unvollkommenheit liegen?

Wenn du wählen müsstest, wie sich die Leute bei deiner Beerdigung verhalten, sollen sie lieber traurig, still, ernst und in Schwarz gekleidet auf Stühlen sitzen oder freudvoll, laut und lachend in bunter Kleidung tanzen?

Wo immer der (die) Tanzende mit dem Fuß auftritt, da entspringt dem Staub ein Quell des Lebens. Tanze, wenn du aufgebrochen wirst. Tanze, wenn du die Bandage abgerissen hast. Tanze, wenn du mitten im Kampf bist. Tanze, wenn du in deinem Blut tanzt. Tanze, wenn du vollkommen frei bist.

Rumi

Experiment: Tanze mit allen Sinnen

Wir alle sollten viel öfter mit all unseren Sinnen tanzen. Vielleicht hast du den Trance-Tanz schon ausprobiert, den ich dir beim Lied *Seelengevögelt* ans Herz gelegt habe. Hier kommen zwei weitere Tanzrituale, die Magisches bewirken können, wenn du es zulässt.

Tanze mit dem Tod

Bei den Natives in Mittel- und Südamerika gibt es die Tradition, seinen Tod nicht als Feind, sondern als weisesten Ratgeber für ein gutes Leben zu betrachten. Die Menschen dort glauben, dass wir kurz vor unserem Ende noch einmal mit dem Tod tanzen werden. Dabei wird er bewerten, ob wir frei, integer und würdevoll gelebt haben. Warum bis dahin warten? Bist du mutig? Liebst du dein Leben? Dann stell dir eine passende Musikliste zusammen und tanze bereits jetzt mit deinem Tod. Du kannst ihm dabei jede Frage stellen: »Wo bescheiße ich mich noch? Was ist wirklich wichtig? Wo sollte ich endlich loslassen und richtig Gas geben?« Du wirst erstaunt über die Präzision der Antworten sein.

Stellt euch eure Lieblingssongs vor

Hier noch ein wunderschönes und nicht ganz so radikales Ritual. Wenn du das nächste Mal zu einer Party einlädst, vielleicht Silvester oder dein Geburtstag, bitte alle Gäste, einen Song mitzubringen, der für sie sehr wichtig ist. Wenn es so weit ist, verlost die Reihenfolge. Gebt jeder Person, bevor ihr Song abgespielt wird, zwei Minuten Zeit, die persönliche Bedeutung des Songs zu erklären. Dann darf sich dieser Mensch wünschen, was passiert, wenn das Lied abgespielt wird. Was wünschst du dir? Sollen alle tanzen oder still zuhören? Willst du dich in die Mitte des Raumes stellen und alle anderen um dich herum? Möchtest du getragen werden? Der Fantasie sind keine Grenzen gesetzt. Für die Zeit des Songs ist die Party deine Arena.

Wildes, wildes Leben

Dein Kopf wird diesen Ratschlag nie verstehen, dein Herz schon.

Du wirst das Geheimnis des Lebens nicht ergründen,

seine wahre Schönheit und die darin verborgene heilige Ordnung nie erkennen,

solange du nicht bereit bist,

dich aus ganzem Herzen für alles,

wirklich für alles, zu bedanken.

Wenn mal wieder alles schiefgeht

und die Regenwolke über deinem
Kopf steht,

du schon wieder deinen Bus verpasst
und alles satthast,

sag einmal laut und deutlich: Danke.

Das Leben ist nicht immer fair.

Manchmal ist es fucking unbequem
und schwer.

Es ist leicht, die Liebe zu lieben und
den Schmerz zu hassen.

Bist du so verrückt, alles in dein Herz
zu lassen?

Was auch immer ist,

sag danke, dass du bist.

Wildes, wildes Leben,

danke, dass ich bin.

Und danke auch mal eben,

wie gut es mir trotz allem immer
wieder ging.

Hab es weit gebracht in so vielem,

doch für vieles bin ich blind.

Wildes Leben, wildes Leben,

danke, dass ich bin.

Nimm dir immer wieder Zeit

für radikale Dankbarkeit.

Für das Gute, für das Schlechte.

Für alles Wahre, alles Echte.

Für jedes Grau, für jede Farbe,

jeden Sieg und jede Gnade.

Alles Große, alles Kleine,

alles noch so gut Gemeinte.

Für jeden Fehler, den du machst.

Was auch immer ist,

sag aus tiefstem Herzen danke,
dass du bist.

Wildes, wildes Leben,

danke, dass ich bin.

Und danke auch mal eben,

wie gut es mir trotz allem immer
wieder ging.

Hab es weit gebracht in so vielem,

doch für vieles bin ich blind.

Wildes Leben, wildes Leben,

danke, dass ich bin.

Das Universum schenkt uns Zeit,

endliche Unendlichkeit.

Jeder Moment ein Neuanfang –

haben wir uns je genug dafür bedankt?

Alles kommt und alles geht.

Du bist das, was nie vergeht.

Wildes, wildes Leben,

danke für meinen Weg.

Und danke auch mal eben,

dass es mir trotz allem immer
wieder gut geht.

Hab es weit gebracht im Leisen.

Oft zu laut, wie die meisten.

Wildes, wildes Leben,

danke, dass ich bin.

Betrachtung

Unser gemeinsamer Weg durch fünfzehn Songs und damit fünfzehn Stationen der menschlichen Held*innenreise geht mit diesem Lied zu Ende. Mein Bild zu *Wildes, wildes Leben* ist, wie wir am Abend unseres Lebens müde, vielleicht auch lädiert und dennoch erfüllt an einem Lagerfeuer zusammenkommen und still in die Flammen schauen. Wir wissen, dass wir alles gegeben haben. Wir sind dem Ruf des Abenteuers gefolgt und mutig in die Arena getreten. Wir haben unser Spiel gespielt, so gut wir konnten. Wir sind weiser geworden und gleichzeitig Narren oder Närrinnen geblieben. Wir haben geliebt, gelitten, gelacht, geweint. Manche Pläne sind aufgegangen. Manche sind gescheitert. Wir wurden überraschend beschenkt und schmerzhaft enttäuscht. Wir haben mit dem Tod getanzt. Nun werden wir still und fragen uns: *War dies ein gut gelungenes Leben?*

Heute, hier und jetzt frage ich dich: Woran können und wollen wir den Wert unseres Lebens messen? An seiner Länge? Doch wie viele unglückliche Alte kennen wir? An Gesundheit, Erfolg oder Ruhm? Warum gibt es dann Menschen, die von all dem so viel haben und dennoch unzufrieden sind? Warum haben andere so wenig, sind vom Schicksal herausgefordert worden und dennoch von innen heraus leuchtend und still? Was ist das Geheimnis glücklicher Menschen? Dieses Lied schenkt uns eine Idee, die erst einmal absurd klingen mag: Der Schlüssel zum Glück liegt in der Dankbarkeit für alles.

Bevor du laut aufschreist, weil du sofort an die vielen Ungerechtigkeiten denkst, die dir oder anderen widerfahren sind – Danke zu sagen, bedeutet nicht, sich stumpf mit allem abzufinden und nichts mehr verändern zu wollen. Wenn wir uns für etwas bedanken, erkennen wir seinen Wert an. Darin liegt eine Art alchemistischer Magie. Sie kann zwar nicht Steine in Gold verwandeln, doch sie kann das in jedem Ereignis innewohnende Seelengold freilegen. Mir ist bewusst, wie zynisch das in den Ohren von jemandem klingen mag, der gerade an einer schlimmen Depression leidet oder einen geliebten Menschen verloren hat. Ich habe auch Phasen erlebt, da hätte ich wahrscheinlich vor Wut aufgeschrien, wenn mir jemand geraten hätte: »Veit, bedanke dich doch mal dafür!«

Dieses paradoxe »Danke«, das der Song andeutet, kann uns von niemand anderem vorgeschlagen werden. Wir können es nicht erzwingen. Doch wir können uns von ihm finden lassen. Im Auge eines Wirbelsturms ist es ganz still. Ich wollte es nicht glauben, bis ich es selbst einmal auf einer kleinen Insel der Bahamas in dem Hurrikan Katrina erlebte. Plötzlich blies kein Lüftchen mehr. Es war, als wenn die Zeit selbst anhalten würde. Im Herzen unserer Schicksalsschläge, in der Mitte unserer Verzweiflung, am Tiefpunkt unserer Ohnmacht existiert ein Raum außerhalb menschlicher Regeln. An diesen inneren Ort kann uns niemand begleiten. All die klugen Bücher, die wir gelesen haben, können uns vielleicht den Weg weisen, aber sie verstummen am Eingang. Unsere besten Freund*innen und Lehrer*innen bleiben an der Schwelle zurück. Wir müssen der Existenz allein gegenübertreten, um unsere Antwort auf die Frage zu finden, die uns alle bewusst oder unbewusst bewegt: »Ist dieses Universum willkürliches Chaos, oder liegt allem letztendlich eine heilige Ordnung zugrunde?« Keine wissenschaftliche Erkenntnis, kein religiöses Dogma und auch keine philosophische Diskussion kann diese Frage für *dich* beantworten. Doch *du* musst dich ihr stellen und *du* musst deine Antwort finden, denn sie beeinflusst jede Entscheidung, vor allem, wie du mit Schmerz, Angst und Dunkelheit umgehst.

Unser kleiner, berechnender Verstand schlägt dem Universum einen Deal vor: »Zeig du mir zuerst die tiefere Ordnung von allem, dann vertraue ich dir!« Doch es funktioniert genau andersherum: »Zeige mir, dass du vertraust, und ich offenbare dir den Sinn.« Dich aufrichtig für etwas zu bedanken, was du so nicht wolltest, ist in Wahrheit nicht verrückt. Es ist ungeheuer mutig und ein Akt des Vertrauens. Du schluckst die bittere Medizin. Dein

Danke weicht deinen Widerstand gegenüber dem Ereignis auf, gegen das dein Geist so lange erfolglos gekämpft hat. Dein Danke erlaubt deinem größeren, so intelligenten, unverletzbaren Bewusstsein auch den schlimmsten Aspekt nicht nur zu umarmen, sondern sogar sanft zu durchdringen. Wenn du mir nicht glaubst, lies zum Beispiel die Autobiografie *Dem Leben Antwort geben* von Viktor Frankl, der all seine Verwandten in Konzentrationslagern verlor und selbst in einem landete. Wenn dieser Mensch in dieser allertiefsten Dunkelheit das Licht fand, kannst du es dann in deinem Leben auch? Es sind keine Einzelfälle. Immer wieder haben mich Freund*innen und Klient*innen in Ehrfurcht zum Schweigen gebracht, wenn sie mir von dem Seelengold berichteten, das sie im Verlust eines Kindes oder einer tödlichen Diagnose fanden.

Niemand kann dich zu diesem Danke zwingen. Die Zeit und wir müssen reif dafür sein. Es ist okay, uns so lange zu wehren und zu hadern, wie es eben sein muss. Doch wenn der Moment gekommen ist, an dem du weise oder müde genug bist, den Kampf aufzugeben und zu riskieren, Danke für alles zu sagen, wird durch deine Wunden ein Licht einströmen, das dich zu verstehen lehrt. Du wirst den Sinn für dich in allem erkennen. Du wirst verstehen, welcher Auftrag des Lebens dir von diesem so unbequemen Postboten überreicht worden ist. Dein Danke ist die vielleicht stärkste Geste menschlicher Würde und Freiheit, zu der du fähig bist. Dein Danke für alles befriedet deine Geschichte und holt dich nach Hause.

Fragen für dich

Würdest du dich als einen dankbaren Menschen bezeichnen?

Wann hast du dich das letzte Mal aufrichtig beim Leben für alles Schöne bedankt? Wann hast du dich das letzte Mal aufrichtig für eine bittere Erfahrung bedankt?

Wer sind die fünf Menschen, denen du für ihren Beitrag in deinem Leben am dankbarsten bist? Wissen sie das?

Wofür bist du jetzt gerade am allermeisten dankbar?

Für welche Ereignisse in deinem Leben kannst oder willst du dich auf keinen Fall bedanken? Könntest du dir vorstellen, dass dieser Moment irgendwann noch einmal kommt?

Euer Schmerz ist das Zerbrechen der Schale, die euer Verstehen umschließt.

Wie der Kern der Frucht zerbrechen muss, damit sein Herz die Sonne erblicken

kann, so müsst auch ihr den Schmerz erleben.

Er ist der bittere Trank, mit dem der Arzt in euch das kranke Ich heilt. Daher traut

dem Arzt und trinkt seine Arzneien schweigend und still.

Khalil Gibran

Experiment: Bedanke dich

Ich möchte noch einmal betonen, dass es keinerlei Pflicht gibt, für alles dankbar zu sein. Gleichzeitig kann uns Dankbarkeit dabei helfen, Dinge anzunehmen, die wir nicht ändern können, um anschließend wieder aufzustehen und weiterzumachen. Ich möchte dir zwei Möglichkeiten vorstellen, wie du Danke sagen kannst.

Schreibe einen Dankesbrief an das Universum

Wenn du einen starken Widerstand gegen das folgende Experiment verspürst, dann ist dies gerade nicht die richtige Zeit. Überblättere es. Vielleicht ruft es dich später noch einmal. Wenn du bereit bist, nimm dir mindestens 30 Minuten Zeit. Zünde vielleicht eine Kerze an und lege dir eine entspannende Musik auf. Dann schreibe einen Dankesbrief an das Universum.

Beginne im ersten Teil mit all den schönen Aspekten deines Lebens, seien es Menschen, Dinge oder Situationen. Sei spezifisch. Warum bist du dankbar? Was geben dir diese Menschen, Dinge und Situationen? Bedanke dich im zweiten Teil für alle unangenehmen Sachen, deren Wert du bereits erkennen kannst. Was haben sie dich gelehrt? Wie haben sie dein Leben bereichert?

Im dritten Part lade ich dich ein, dir die Begebenheiten vorzunehmen, mit denen du noch stark haderst. Probiere Folgendes: Stell dir vor, du bist nicht nur ein kleiner Mensch, sondern eine freie, unverletzbare Seele. Wenn dir das schwerfällt, etwa weil du nicht an das

Konzept der Seele glaubst, tu einfach für die Dauer dieses Experiments so, als würde es dir ganz leichtfallen. Du bist auf der Durchreise und die Erde ist eine wesentliche Lernstation für dich. Komm von dem Punkt, dass alles, was dir bis hierher geschehen ist, auch das Schmerzhafte, eine maßgeschneiderte Lektion für dich bereithält. Bedanke dich mit der folgenden Formulierung: »Liebes Leben, ich danke dir für ..., weil ich dadurch lernen kann, dass ...« Vervollständige den Satz, ohne groß darüber nachzudenken. Lass dich überraschen, wie viel natürliche Weisheit in dir ist. Achte beim Schreiben auf deine Gefühle. Verändern sie sich? Wie fühlst du dich danach?

Mach dir den Schmetterlingseffekt bewusst

Hier noch ein kleines, aber powervolles geistiges Experiment: Sicher hast du schon einmal vom Schmetterlingseffekt gehört. Er besagt, dass, wenn in deiner Vergangenheit auch nur ein so klitzekleines Event wie das Schlagen eines Schmetterlingsflügels anders verlaufen wäre, auch deine gesamte Geschichte signifikant anders verlaufen wäre.

Stell dir vor, du könntest jedes Ereignis in deiner Vergangenheit mit einem kosmischen Radiergummi auslöschen. Welche wären das? Schreibe sie alle untereinander auf. Nimm dir nun den ersten Punkt auf deiner Liste vor. Denke für einen Moment an alles, was dir nach diesem Ereignis geschehen ist. Und nun mach dir bewusst, dass alles miteinander zusammenhängt. Wenn du dieses negative Ereignis auslöschst, wird alles, was danach passiert, auch anders verlaufen. Du wärst anders, und du weißt nicht, auf welche Art. Viele gute Dinge, die dir seitdem passiert sind, wären nicht geschehen, und du wüsstest nicht, ob es wirklich besser gelaufen wäre. Viele tolle Menschen, die du seitdem kennengelernt hast, wären nicht in deinem Leben. Willst du das Ereignis immer noch löschen?

Danksagung

Dieses Projekt hat mir noch einmal auf einer tieferen Ebene die schöpferische Kraft der Co-Creation offenbart. Ich danke Curse, dass er mich in seinem Podcast nach meinem unerfüllten Traum gefragt hat. Ich danke dir, Fabian, dafür, dass du diesen Podcast gehört und den Ruf persönlich genommen hast. Ich danke dir für deine Hartnäckigkeit und Hingabe. Für mich bist du ein kreatives Genie mit so vielen Gaben. Illi, ich danke dir für deine menschliche Tiefe, die sich in deinen Texten widerspiegelt. Lieber Manuel, Bruder auf dem Weg, ich empfinde es als ein großes Geschenk, dass du das Album mit deiner wundervollen Stimme bereichert hast. Lieber Jan, du hast nicht nur eines meiner absoluten Lieblingslieder mit eingesungen. Ich habe deine Besuche im Studio immer wie den Besuch eines Engels erlebt. Lichtvoll, großzügig, segnend.

Liebe Geliebte, für mich war es so bedeutsam, dass du dich so intensiv auf das Album eingelassen hast. Ich liebe es, mit dir zusammen Heilendes und Schönes zu erschaffen, und ich bin so gespannt, wohin dich deine Stimme der Liebe noch führen wird.

Ich danke all den anderen Beteiligten, die so freudig und leicht ihre Seelenfarben in das Projekt einfließen ließen: Fabian Schulz, Illi Hinzberg, Manuel Bergt, Tokunbu, Andrea Lindau, Leona Lindau, Mascha Raykhmann, Claudine Abuso, Mariama Jalloh, Ana Isabel Andrade Garcia, Ingrid Lukas, Jan Loechel, Benny Glass, Christopher Noodt, Yasmine Rehmert, Rabea Bollmann, Hilko Schomerus, Christoph van Hal, Alex Kloss. Ohne euch alle gäbe es dieses Album nicht.

Liebe Silke, danke für das Lektorat, und liebe Gwen, danke für das Layout dieses Buches.

Ich danke dem Leben, dass es während der Entstehung des Albums irgendwie die Zeit magisch gebeugt hat, denn eigentlich hatten wir die Zeit nicht und doch haben wir uns immer wieder in zeitlosen, hochkreativen und so freudvollen Sessions im Studio zusammengefunden.

Ich danke dem Teil in mir, der immer wieder Grenzen infrage stellt und nie den Hunger auf das Unendliche verloren hat.

Anhang

CD und Merchandise

Wenn du das Album als Download oder CD erwerben möchtest und/oder ein T-Shirt oder einen Hoodie, findest du all das und noch viel mehr unter folgendem Link oder QR-Code:

go.homodea.com/human-spirit

Der Workshop

Basierend auf den Perspektiven und Fragestellungen des Buches habe ich den Intensiv-workshop »HUMAN SPIRIT. Deine zweite Geburt« entwickelt. Er ist ein Weckruf für das in uns schlummernde Potenzial und richtet sich an Menschen, die

- fühlen, dass sie an einer existenziellen Weggabelung stehen, tiefer verstehen und fühlen wollen, wer sie wirklich sind,

- ihr Ego noch mehr entspannen und sich noch tiefer dem Ruf ihrer Seele hingeben wollen.

Dies ist eine wundervolle Einladung, dich endlich wieder tiefer oder vielleicht zum ersten Mal mit dir selbst und deiner Wahrheit zu verbinden. Das größte Geschenk, das du mit uns allen teilen kannst, bist du in deiner freiesten und kühnsten Version. Alle weiteren Informationen und die Termine findest du ebenfalls unter dem Link oder QR-Code auf der nebenstehenden Seite.

Die Stiftung

»Wenn wir die anstehenden Probleme der Menschheit lösen wollen, brauchen wir Millionen Genies, voller Selbstvertrauen und zutiefst empathisch. Das heißt, wir müssen unsere Kinder hüten und ihnen den Freiraum gewähren, ihr Potenzial frei zu entfalten.«

Veit Lindau

Die gemeinnützige ichliebedich-Stiftung wurde von Andrea und mir gegründet und fördert weltweit integrale Projekte der Potenzialentfaltung und der Kultur des Mitgefühls, besonders für Kinder und Jugendliche.

Du findest ausführliche Informationen über unsere aktuellen Projekte unter:

https://ichliebedich-stiftung.com

Wir freuen uns über jede Spende!

homodea

Wenn dich die Themen des Buches berühren, besuche auch unsere Life-Coaching-Plattform www.homodea.com. Hier findest du mehr als 200 inspirierende Onlinekurse von über 60 renommierten Expert*innen zu essenziellen Themen eines guten Lebens wie Liebe, Erfolg, Gesundheit, Finanzen, Sexualität... Außerdem kannst du dich hier mit vielen gleichgesinnten, bewusst und werteorientiert lebenden Menschen verbinden.

Deine Meditations-App

Entdecke die besten Meditationen von Andrea und mir für mehr Resilienz und Glück in deinem Leben. Lass dich von unseren Stimmen berühren und auf deiner Reise begleiten. Wir schenken dir eine Auswahl der besten Meditationen, die bereits über zehn Millionen Mal gehört wurden. Nutze über 60 geführte Reisen für mehr Kreativität, Fokus und Entspannung.

Hilfe bei Einsamkeit oder Depressionen

Du fühlst dich einsam, depressiv oder denkst vielleicht sogar über Selbstmord nach? Bitte hole dir Hilfe. Wir empfehlen dir, die Seelsorge zu kontaktieren. Hier erreichst du rund um die Uhr geschulte Menschen mit einem offenen Herzen. Du kannst anrufen oder auch online Kontakt aufnehmen:

0800 1110111 | 0800 1110222 | https://online.telefonseelsorge.de

Veit Lindau

»Nutze die kostbare Chance deines Lebens. Geh von der Bremse. Feiere und lebe dein Licht.« So lautet das Motto von Veit Lindau. Er gilt im deutschsprachigen Raum als führender Experte für eine integrale Potenzialentfaltung und erreicht mit seinen wachrüttelnden Vorträgen, Seminaren und Videos ein großes, sehr gemischtes Publikum. Gemeinsam mit seiner Frau hat er die große Life Coaching Community homodea.com aufgebaut, mit derzeit über 120 000 Mitgliedern.

Über die zentralen Themen seines Wirkens – Erfolg, Selbsterkenntnis, Berufung und Beziehung – schreibt er leidenschaftlich gerne Bücher. Viele davon sind SPIEGEL-Bestseller (*Genesis*, *Heirate dich selbst*, *Werde verrückt* oder *Seelengevögelt*) und wurden mittlerweile in sieben Sprachen übersetzt. Für sein Buchwerk wurde Veit mit dem Coaching-Award ausgezeichnet.

www.veitlindau.com

In diesem unendlich großen Universum gibt es einen Stern,

der nach dir benannt wurde.

Diesem Stern ist dieses Buch gewidmet.

Um ihn zu entdecken, musst du nicht im weltlichen Sinne erfolgreich sein.

Du findest ihn, wenn du die kostbare Chance deines Lebens ehrst,

indem du deiner Sehnsucht nach dem Unendlichen mehr vertraust

als deinen Zweifeln,

indem du dich bodenständig und visionär zu deiner Größe und deinem

Licht bekennst und es nicht mehr zurückhältst, sondern heute und hier

mit uns allen teilst.

Impressum

Erstausgabe des Buches:
Dezember 2023, Veit Lindau

Layout & Satz: Gwendolyn Molinski
Lektorat: Silke Panten
Korrektorat: Frauke Wilkens

ISBN: 978-3-943478-29-7

Life Trust Verlag

Klimaneutral
Druckprodukt
ClimatePartner.com/11244-2310-1005